© Verlag Zabert Sandmann
München
4. Auflage 2010
ISBN 978-3-89883-260-1

Grafische Gestaltung	Georg Feigl
Fotografie	Jan-Peter Westermann (siehe auch S. 217)
Redaktion	Gerti Köhn, Kathrin Ullerich
Redaktionelle Mitarbeit	Marie Forster
Herstellung	Karin Mayer, Peter Karg-Cordes
Lithografie	Christine Rühmer
Druck & Bindung	Mohn media Mohndruck GmbH, Gütersloh

 Beim Druck dieses Buchs wurde durch den innovativen Einsatz der Kraft-Wärme-Kopplung im Vergleich zum herkömmlichen Energieeinsatz bis zu 52 % weniger CO_2 emittiert. *Dr. Schorb, ifeu.Institut*

»Polettos Kochschule« im NDR Fernsehen, Redaktion: Christian Stichler.
Lizenziert durch Studio Hamburg Distribution & Marketing GmbH, Koordination: Petra Rönnfeldt.

Besuchen Sie uns auch im Internet unter www.zsverlag.de

Polettos Kochschule

Mein Grundkurs für Einsteiger

mit Fotos von Jan-Peter Westermann

Inhalt

Vorwort	6
Tomaten	8
Kartoffeln	24
Pilze	40
Garnelen	56
Fisch	72
Huhn & Ente	94
Rind & Kalb	118
Schwein	152
Käse	166
Eier	182
Schokolade	200
Register	216

Vorwort

Von Anfang an gut kochen:
Mein Grundkurs

Kennen Sie das auch? Sie werfen einen Blick in Ihren Vorratsschrank, entdecken noch etwas Gemüse und einen kleinen Sack Kartoffeln und fragen sich, was fange ich denn nun damit an? Oder Sie schlendern über den Markt und bleiben vor einem Geflügelstand stehen? Auf Huhn hätten Sie mal wieder Lust, wissen aber nicht, wie Sie es gekonnt zubereiten sollen? Wenn Ihnen diese und ähnliche Situationen bekannt vorkommen und Sie deshalb jetzt mit dem Kopf nicken, dann wird Ihnen dieses Buch wertvolle Dienste leisten. In meinem Koch-Grundkurs stelle ich Ihnen nicht nur viele neue Rezepte vor, sondern erkläre die Zubereitungen so einfach und klar, dass Sie sie garantiert leicht nachvollziehen können. Jedes Gericht basiert außerdem auf einem Grundprodukt, das zu den Lieblingen in unseren Küchen gehört: von Lachs über Hühnchen, Kartoffeln, Tomaten, Eier und Pilze bis hin zu verschiedenen Fleischstücken. Ich zeige Ihnen an vielen Beispielen, was man alles aus diesen Grundprodukten mit einfachen Mitteln kochen kann. Und erkläre es Schritt für Schritt so, dass Ihnen jedes Gericht auf Anhieb gelingen wird – auch wenn Sie noch ein Anfänger am Herd sind.
Eines ist mir besonders wichtig: Jedes Rezept ist nur ein Beispiel – Variationen sind immer möglich. Ich bin mir sicher: Wenn Sie einmal das Prinzip kennen, dann werden Sie schnell selbst experimentieren und etwas Neues ausprobieren wollen. Tauschen Sie doch ruhig einmal die Kräuter aus! Nehmen Sie einfach einen anderen Essig! Oder kaufen Sie anstelle der Hähnchenschenkel aus der Kühltheke ein Maishähnchen vom Markt! Sie werden sehen: Jedes Gericht kann immer wieder anders schmecken, und jedes Mal lernen Sie etwas Neues dazu!
Das Buch, das Sie in den Händen halten, und mein 20-teiliger Grundkurs im Fernsehen ergänzen sich auf perfekte Weise. Auch in den TV-Sendungen steht jeweils ein Produkt im Mittelpunkt. Also, zögern Sie nicht: Nehmen Sie die Kartoffeln aus dem Vorrat oder kaufen Sie das Hühnchen, und fangen Sie einfach an zu kochen!

Ich wünsche Ihnen gutes Gelingen und stets einen guten Appetit!

Ihre

TOMATEN

Tomaten und Sommer gehören für mich zusammen. Aromatische Tomaten, die viel Sonne getankt haben, frisches Basilikum, bestes Olivenöl – das schmeckt so richtig nach Süden. Bei der kalten Zubereitung von Tomaten sind die Qualität und die Reife der Früchte besonders wichtig. In diesem Kapitel stelle ich Ihnen solche Gerichte vor, zum Beispiel meine Variation der weltberühmten Insalata Caprese, eine Nudelsauce aus rohen Tomaten und mit Thunfisch und Bohnen gefüllte Fleischtomaten. Ich zeige Ihnen natürlich auch, wie man einen guten Tomatensugo kocht, der die Basis für zahlreiche Pastagerichte ist, und wie man mit Tomaten-saft einen originellen Cocktail mixt. Damit auch Sie den Sommer so richtig schmecken können...

Leuchtend rote Vielfalt

Einfach nur Tomate, das war gestern. Heute hat auch der kleinste Supermarkt mehrere Sorten im Angebot. Bei der Bezeichnung herrscht ein fantasievolles Durcheinander. Minitomaten heißen Cherry-, Kirsch- oder Cocktailtomaten, sind sie länglich geformt, kommen sie auch als Baby Plum oder Datteltomaten in den Handel. Größere länglich geformte Früchte nennt man Eier- und Flaschentomaten, hängen sie noch am Grün, steht Strauch- oder Rispentomate auf dem Etikett. Fleischtomaten sind die Riesen der Familie.

Für jedes Gericht die perfekte Tomate

Für welche Tomate Sie sich entscheiden, hängt davon ab, was Sie damit zubereiten wollen. Ein Salat oder ein Tomatengemüse verlangt eine feste Sorte mit wenigen Kernen. Hier sind Kirschtomaten die beste Wahl. Zum Füllen sind Fleischtomaten ideal, für Tomatensauce möglichst reife Flaschentomaten. Alle Tomatensorten haben eins gemeinsam: Sind sie nicht ausgereift, schmecken sie nicht. Nur am Strauch gereifte Früchte können den vollen süßsäuerlichen Tomatengeschmack entwickeln. In nördlichen Gefilden braucht man dazu meist Treibhäuser, sonnengereifte Freilandtomaten sind hier eine Seltenheit. Im Zweifelsfall hat eine ausgereifte Treibhaustomate aber mehr Aroma als ihre unreife Freiland-Schwester. Italiener haben es da besser, sie können die sonnenverwöhnten Früchte kaufen, etwa die berühmten San-Marzano-Tomaten, eine alte Sorte, die in Kampanien und Sizilien wieder in größerem Stil angebaut wird. Ein Großteil davon landet allerdings unmittelbar nach der Ernte in Dosen – übrigens eine hervorragende Basis für Sugo und Suppen.

Tomaten mögen's warm

Eines dürfen Sie auch der besten Tomate nicht zumuten, und das ist Kälte. Wer Tomaten im Kühlschrank aufbewahrt, kann sicher sein, dass sie nach kurzer Zeit ihr Aroma verloren haben. Lagern Sie Tomaten also immer bei Zimmertemperatur – am besten in einem Korb und getrennt von anderem Obst und Gemüse, denn sie geben Ethen ab, ein Reifegas, das ihre Nachbarn schneller verderben lässt.

Grundkurs Tomaten

Tomaten häuten

Für die meisten warmen Gerichte werden Tomaten gehäutet. Die Haut würde sich sonst beim Kochen ablösen und störend in der Suppe oder Sauce schwimmen. Tomaten zu häuten ist kein großer Aufwand. So geht's:

Die Stielansätze der Tomaten mit einem spitzen Messer keilförmig herausschneiden.

Die Tomaten mit dem Schaumlöffel einige Sekunden in sprudelnd kochendes Wasser tauchen.

Die Tomaten herausheben, kalt abschrecken und mit einem spitzen Messer die Haut abziehen.

Bruschetta zubereiten

Ob als kleiner Imbiss oder Auftakt eines mehrgängigen Menüs – Bruschette, geröstete Brotscheiben mit frischen Tomatenwürfeln, passen eigentlich immer. So werden sie zubereitet:

Die Tomaten in dünne Spalten schneiden, dabei die Stielansätze und Kerne entfernen. Die Tomatenspalten in feine Würfel schneiden.

Die Ciabatta-Scheiben im vorgeheizten Backofen bei 150 °C knusprig rösten und dann mit halbierten Knoblauchzehen einreiben.

Die Tomatenwürfel mit Fleur de Sel, Pfeffer, fein geschnittenem Basilikum und etwas Olivenöl mischen und auf den Broten verteilen.

Die Newcomer

Die Tomatenwelt wird immer vielfältiger. Vor allem diese Sorten findet man jetzt häufiger: Die dekorative rot-grün gestreifte Tiger- oder Zebratomate ist mit ihrem festen Fruchtfleisch ideal für Salate. Die Ochsenherztomate wurde ursprünglich in Frankreich gezüchtet und ist in Italien schon lange als »Cuore di bue« bekannt. Die bis zu 500 g schwere, unregelmäßig geformte, gerippte Frucht hat festes Fleisch und nur wenige Kerne. Die Vierländer Krause, ebenfalls stark gerippt und mit festem Fruchtfleisch, stammt aus Norddeutschland. Es handelt sich um eine alte Sorte, die in letzter Zeit wiederentdeckt wurde.

Das richtige Messer

Wer ein wirklich scharfes Küchenmesser besitzt, dem bereitet das Schneiden von Tomaten auch mit einer glatten Klinge sicher keine Probleme. Stumpfe Messer rutschen jedoch an der festen, glatten Haut leicht ab oder zerdrücken die empfindlichen Früchte. Auf Nummer sicher gehen Sie mit einem speziellen Tomatenmesser. Es hat eine Sägeklinge, die die Haut anritzt und dann mühelos durch das Fruchtfleisch gleitet. Manche Modelle besitzen außerdem eine gezackte Spitze. Sie ist von Vorteil, um die Stielansätze leichter zu entfernen – und auch Tomatenscheiben lassen sich damit schnell aufspießen.

Grundkurs Tomaten

Grundkurs Tomaten

Tomatensugo

Zutaten für ca. 1 l oder 8 Personen
800 g reife Tomaten
1 große Dose geschälte Tomaten (850 ml Inhalt)
1 Gemüsezwiebel
1 Knoblauchzehe
3 EL Olivenöl
1 TL Zucker
Fleur de Sel
1–2 Stiele Basilikum
Pfeffer aus der Mühle

Zubereitungszeit: ca. 1 1/2 Stunden

1 Die frischen Tomaten waschen, halbieren, die Stielansätze entfernen und das Fruchtfleisch in große Würfel schneiden. Die Dosentomaten in ein Sieb abgießen und dabei den Saft auffangen. Die Dosentomaten ebenfalls in große Würfel schneiden und dabei die Stielansätze entfernen.

2 Die Zwiebel und den Knoblauch schälen. Die Zwiebel in feine Würfel und den Knoblauch in feine Scheiben schneiden. Das Olivenöl in einem Topf erhitzen. Die Zwiebel und den Knoblauch darin andünsten, mit Zucker bestreuen und unter gelegentlichem Rühren leicht karamellisieren. Mit Fleur de Sel würzen. Die frischen Tomaten und die Dosentomaten samt Saft dazugeben. Die Basilikumstiele waschen, trocken schütteln und im Ganzen hinzufügen. Nach Belieben mit »Polettos Tomatenzauber« (siehe S. 217) abschmecken. Die Tomaten bei schwacher Hitze offen etwa 1 Stunde köcheln lassen, dabei ab und zu umrühren.

3 Die Basilikumstiele entfernen. Den Sugo durch die Flotte Lotte (mittlere Lochscheibe) drehen oder durch ein feines Sieb passieren, um Kerne und Häute zu entfernen (nicht mit dem Stabmixer pürieren, die Kerne schmecken bitter!). Den Sugo nochmals aufkochen lassen und mit Fleur de Sel und Pfeffer abschmecken. Den Sugo mit frisch gekochter Pasta servieren. Man kann den Sugo auch einfrieren oder in Schraubgläser füllen und ein paar Tage im Kühlschrank aufbewahren.

Sugo all'arrabbiata mit Salsiccia

Zutaten für 4 Personen
4 Salsicce (ca. 400 g; deftig gewürzte, grobe ital. Bratwürste)
2 EL Olivenöl
2 Schalotten
2 Knoblauchzehen
1 getrocknete Chilischote
1/4 l Tomatensugo (siehe oben)

Zubereitungszeit: ca. 35 Minuten

1 Das Salsiccia-Brät in kleinen Klößchen aus der Pelle drücken. Das Olivenöl in einer Pfanne erhitzen und die Klößchen darin etwa 5 Minuten rundum anbraten.

2 Die Schalotten und den Knoblauch schälen und in feine Würfel schneiden. Die Chilischote zerbröseln. Die Fleischklößchen aus der Pfanne nehmen und beiseitestellen. Die Schalotten, den Knoblauch und die Chilischote in die Pfanne geben und im restlichen Bratfett andünsten. Den Tomatensugo hinzufügen und aufkochen lassen.

3 Die Fleischklößchen zum Sugo geben und einige Minuten mitköcheln lassen. Den Sugo all'arrabbiata mit frisch gekochter Pasta (z. B. Rigatoni) und geriebenem Pecorino auf tiefen Tellern anrichten.

Mein Tipp > Salsicce schmecken je nach Hersteller immer ein bisschen anders. Mal sind sie mit Fenchelsamen, mal mit Rosmarin, Chili oder Knoblauch gewürzt. Anstelle von Salsicce können Sie rohe grobe Bratwürste verwenden. Geben Sie dann beim Braten der Klößchen etwas von den typischen Gewürzen dazu.

Grundkurs Tomaten

Tomaten-Pesto
mit Pinienkernen

Zutaten für 4 Personen
40 g Pinienkerne
100 g getrocknete Tomaten
(in Öl eingelegt)
1 Knoblauchzehe
50 g Parmesan
1/2 getrocknete Chilischote
ca. 150 ml Olivenöl
Fleur de Sel

Zubereitungszeit:
ca. 15 Minuten

1 Die Pinienkerne in einer beschichteten Pfanne ohne Fett goldbraun rösten und auf einen Teller geben. Die Tomaten auf Küchenpapier abtropfen lassen und in Stücke schneiden. Den Knoblauch schälen und in feine Würfel schneiden. Den Parmesan zerbröckeln. Die Tomaten, den Knoblauch und den Parmesan in den Blitzhacker geben und fein zerkleinern.

2 Die Chilischote zerbröseln. Die Chilischote und die Pinienkerne in den Blitzhacker geben und kurz untermixen.

3 Die Tomaten-Parmesan-Mischung in eine Schüssel geben und so viel Olivenöl unterrühren, dass ein cremiges Pesto entsteht. Mit Fleur de Sel würzen. Das Tomaten-Pesto beispielsweise mit frisch gekochter Pasta mischen, auf geröstete Brotscheiben geben oder eine Minestrone damit verfeinern. Mit Olivenöl bedeckt, kann man das Pesto in einem Schraubglas etwa 2 Wochen im Kühlschrank aufbewahren.

Grundkurs Tomaten

Rohe Tomatensauce
mit Kapern und Sardellen

Zutaten für 4 Personen
800 g Tomaten (z. B. San Marzano)
2 Sardellenfilets (in Öl eingelegt)
50 g schwarze Oliven
5 Stiele Basilikum
50 g kleine Kapern
Meersalz
1 Spritzer Aceto balsamico
5 EL Olivenöl
Pfeffer aus der Mühle

Zubereitungszeit: ca. 20 Minuten
Marinierzeit: ca. 1 Stunde

1 Die Stielansätze der Tomaten herausschneiden. Die Tomaten kurz in kochendes Wasser geben, herausheben, kalt abschrecken, häuten, vierteln und entkernen (siehe S. 11). Die Tomatenviertel in schmale Streifen schneiden und in eine Schüssel geben.

2 Die Sardellenfilets auf Küchenpapier abtropfen lassen und fein hacken. Die Oliven entsteinen und in feine Würfel schneiden. Das Basilikum waschen und trocken schütteln, die Blätter abzupfen und grob schneiden. Die Sardellen, die Oliven und das Basilikum zu den Tomaten geben und untermischen. Die Kapern, 1 TL Salz, den Essig und das Olivenöl hinzufügen und unterrühren. Die Sauce etwa 1 Stunde zugedeckt durchziehen lassen.

3 Die Tomatensauce mit Salz und Pfeffer abschmecken, mit frisch gekochter Pasta mischen und nach Belieben gehobelten Pecorino dazu reichen.

Mein Tipp > Aus diesem Rezept kann man im Handumdrehen einen Nudelsalat für eine Party oder ein Picknick zaubern (die Zutatenmenge bei Bedarf verdoppeln): Pasta und Tomatensauce mischen und etwa 30 Minuten durchziehen lassen. Anschließend mit Aceto balsamico, Salz und Pfeffer abschmecken und 1 kräftigen Schuss Olivenöl hinzufügen.

Grundkurs Tomaten

Tomaten-Focaccia
mit Oliven und Rosmarin

Zutaten für 1 große Focaccia
3/4 Würfel Hefe (30 g)
200 ml lauwarme Milch
20 g Zucker
60 g Pinienkerne
60 g schwarze Oliven (entsteint)
150 g getrocknete Tomaten
(in Öl eingelegt)
500 g Mehl
Salz
1 Ei
4 EL Tomatenmark
2 TL getrockneter Oregano
500 g Kirschtomaten
(an den Rispen)
2 Zweige Rosmarin
grobes Meersalz

Zubereitungszeit:
ca. 1 Stunde
Ruhezeit: ca. 1 Stunde

1 Die Hefe zerbröckeln und mit der Milch und dem Zucker verrühren. Den Hefeansatz an einem warmen Ort 10 Minuten gehen lassen. Die Pinienkerne in einer beschichteten Pfanne ohne Fett goldbraun rösten. Herausnehmen und grob hacken. Die Oliven vierteln. Die getrockneten Tomaten in ein Sieb abgießen, abtropfen lassen und dabei das Öl auffangen. 100 ml Tomatenöl abmessen und beiseitestellen. Die Tomaten in feine Würfel schneiden.

2 Das Mehl und 1 Prise Salz in eine Schüssel geben. Den Hefeansatz, das Öl von den getrockneten Tomaten und das Ei hinzufügen. Alles mit den Knethaken des Handrührgeräts zu einem glatten, glänzenden Teig verkneten. Dann das Tomatenmark und zum Schluss die Pinienkerne, die getrockneten Tomaten, die Oliven und den Oregano rasch unterkneten. Den Teig an einem warmen Ort zugedeckt etwa 45 Minuten gehen lassen.

3 Den Backofen auf 180 °C vorheizen. Den Teig auf der Arbeitsfläche kurz durchkneten und auf einem Bogen Backpapier zu einem großen ovalen Fladen (etwa 40 cm lang) ausrollen. Den Teig mit dem Papier auf ein Backblech ziehen und mit den Fingern Vertiefungen in den Teig drücken. Die Tomaten samt Rispen vorsichtig waschen, trocken tupfen und auf dem Teig verteilen. Den Rosmarin waschen und trocken schütteln, die Nadeln abzupfen und auf dem Teig verteilen. Die Focaccia mit Meersalz bestreuen und im Backofen auf der mittleren Schiene 30 bis 35 Minuten backen. Zum Servieren in Stücke schneiden und nach Belieben mit dünn geschnittenem Parmaschinken anrichten.

Mein Tipp > Sie können die Focaccia auch lauwarm als sommerliche Hauptmahlzeit servieren – zum Beispiel mit einem knackigen Rucolasalat. Teilen Sie dafür den Teig in kleine Portionen und drücken ihn mit der Hand zu Fladen, ähnlich wie bei Mini-Pizzen. So bekommt jeder seine eigene kleine Focaccia.

Grundkurs Tomaten

Tomaten-Caipirinha
mit Zitronenthymian

Zutaten für 4 Personen
5 unbehandelte Limetten
80 g brauner Zucker
120 ml Cachaça
(bras. Zuckerrohr-Branntwein)
2 cl Gin
1/2 l Tomatensaft
Meersalz · Cayennepfeffer
Crushed Ice (zerstoßene Eiswürfel)
4 Zweige Zitronenthymian

Zubereitungszeit:
ca. 15 Minuten

1 Die Limetten waschen, trocken reiben, längs achteln und quer in kleine Stücke schneiden. Die Limettenstücke in vier Longdrinkgläser verteilen. Den braunen Zucker darübergeben und die Limetten mit einem Holzstößel leicht andrücken. Cachaça und Gin mit dem Tomatensaft verrühren und mit Salz und Cayennepfeffer abschmecken.

2 Das Crushed Ice in die Longdrinkgläser verteilen und mit der Tomatensaft-Mischung auffüllen. Die Gläser mit dem Zitronenthymian garnieren und die Caipirinhas sofort servieren.

Grundkurs Tomaten

Polettos Caprese
mit getrockneten Tomaten und Oliven

Zutaten für 4 Personen
40 g grüne Oliven
40 g getrocknete Tomaten
(in Öl eingelegt)
3 Stiele Basilikum
1 EL Schnittlauchröllchen
brauner Zucker
2 große Fleischtomaten (à ca. 300 g;
z. B. Ochsenherztomaten)
2 Kugeln Büffelmozzarella (à 125 g)
4 EL Olivenöl
Fleur de Sel
Pfeffer aus der Mühle

Zubereitungszeit: ca. 15 Minuten

1 Die Oliven entsteinen und in feine Würfel schneiden. Die getrockneten Tomaten auf Küchenpapier abtropfen lassen und ebenfalls in feine Würfel schneiden. Das Basilikum waschen und trocken schütteln, die Blätter abzupfen und in feine Streifen schneiden. Die Oliven, die getrockneten Tomaten, das Basilikum, den Schnittlauch und 1 Prise Zucker in einer Schüssel mischen.

2 Die Tomaten waschen und oben und unten jeweils 1 Scheibe gerade abschneiden (diese Scheiben anderweitig verwenden). Die Tomaten jeweils quer in 4 dicke Scheiben schneiden. Den Mozzarella abtropfen lassen und ebenfalls jeweils in 4 dicke Scheiben schneiden.

3 Die Tomatenscheiben nebeneinander auf eine Platte legen, mit etwas Olivenöl beträufeln und mit Fleur de Sel und Pfeffer bestreuen. Die Mozzarellascheiben darauflegen und mit Pfeffer bestreuen. Die Oliven-Kräuter-Mischung darauf verteilen, mit Fleur de Sel bestreuen und mit dem restlichen Olivenöl beträufeln.

Mein Tipp > Für dieses Rezept nehme ich statt Büffelmozzarella manchmal Burrata. Dieser aus Apulien stammende Kuhmilchkäse ähnelt in Herstellung und Aussehen dem Mozzarella, ist innen aber cremiger. Traditionell wird Burrata in kleine Säckchen abgefüllt und mit einem grünen Lilienblatt umwickelt.

Grundkurs Tomaten

Gefüllte Fleischtomaten
mit Thunfisch-Bohnen-Salat

Zubereitungszeit:
ca. 30 Minuten

Zutaten für 4 Personen
4 Fleischtomaten (à ca. 400 g; z. B. Ochsenherztomaten)
1 EL Tomatenessig oder Aceto balsamico bianco
Fleur de Sel · Pfeffer aus der Mühle
Zucker
4 EL Olivenöl
1 Frühlingszwiebel
1 Stange Staudensellerie
200 g Cannellini-Bohnen (aus der Dose)
180 g Thunfischfilet (in Öl eingelegt)
1 Stiel Basilikum

1 Die Tomaten waschen und trocken tupfen, an den Stielansatzseiten jeweils einen Deckel abschneiden (siehe Step 1). Die Tomatendeckel in Würfel schneiden und dabei die Stielansätze entfernen. Die Tomaten mit einem Löffel aushöhlen (siehe Step 1), die Kerne in eine kleine Schüssel geben, die Trennwände und harten Innenteile entfernen. Die Tomatenkerne mit Essig, Fleur de Sel, Pfeffer, 1 Prise Zucker und dem Olivenöl zu einer Vinaigrette verrühren.

2 Die Frühlingszwiebel putzen, waschen und in feine Ringe schneiden. Den Staudensellerie waschen und in Scheiben schneiden. Die Bohnen in ein Sieb abgießen und abtropfen lassen. Den Thunfisch ebenfalls abtropfen lassen und zerpflücken. Die Frühlingszwiebelringe mit Staudensellerie, Bohnen, Thunfisch, den Tomatenwürfeln (von den Deckeln) und der Hälfte der Tomaten-Vinaigrette mischen. Mit Fleur de Sel und Pfeffer würzen. Das Basilikum waschen und trocken schütteln, die Blätter abzupfen, fein schneiden und unter die Thunfisch-Bohnen-Mischung heben.

3 Den Thunfisch-Bohnen-Salat in die ausgehöhlten Tomaten füllen (siehe Step 2) und mit der restlichen Vinaigrette beträufeln. Nach Belieben mit kleinen Basilikumspitzen dekorieren.

Mein Tipp > Bei Thunfisch aus dem Glas oder aus der Dose gibt es große Qualitätsunterschiede. Wichtig ist, dass das Fischfilet in Stücken in Olivenöl eingelegt wurde. Ich verwende am liebsten den hochwertigen weißen Thunfisch.

Grundkurs Tomaten

Kabeljaufilet
auf Tomatenragout

Zutaten für 4 Personen
500 g kleine Tomaten (z. B. Roma)
250 g Schalotten
30 g Butter
1 EL brauner Zucker
Salz · Pfeffer aus der Mühle
100 ml Noilly Prat (franz. Wermut)
200 ml Fischfond (aus dem Glas)
4 Stiele Estragon
1 EL körniger Senf
600 g Kabeljaufilet
3 EL Olivenöl
Fleur de Sel

Zubereitungszeit:
ca. 1 Stunde

1 Die Stielansätze der Tomaten herausschneiden. Die Tomaten kurz in kochendes Wasser geben, herausheben, kalt abschrecken, häuten und längs halbieren (siehe S. 11).

2 Die Schalotten schälen und längs halbieren. Die Butter in einer Pfanne erhitzen und die Schalotten darin andünsten. Den Zucker darüberstreuen und goldgelb karamellisieren. Mit Salz und Pfeffer würzen und mit Noilly Prat und Fond ablöschen. Den Estragon waschen, trocken schütteln und 1 Estragonstiel in die Pfanne geben. Alles aufkochen und etwa 5 Minuten köcheln lassen.

3 Die Tomaten und den Senf zu den Schalotten geben, untermischen und weitere 3 Minuten köcheln lassen. Das Ragout mit Salz und Pfeffer würzen und in eine ofenfeste Form geben. Den Estragonstiel entfernen.

4 Den Backofen auf 140 °C vorheizen. Das Fischfilet waschen, mit Küchenpapier trocken tupfen und in vier Portionsstücke schneiden. Die Stücke leicht salzen und auf das Tomatenragout legen. 2 Estragonstiele grob zerpflücken, die Fischfilets damit belegen und mit 2 EL Olivenöl beträufeln. Die Fischfilets im Backofen auf der mittleren Schiene etwa 20 Minuten garen.

5 Vom restlichen Estragonstiel die Blättchen abstreifen und fein schneiden. Die Form aus dem Ofen nehmen und nach Belieben die Estragonstiele entfernen. Den Fisch und die Tomaten mit dem übrigen Olivenöl beträufeln mit dem fein geschnittenen Estragon bestreuen.

Mein Tipp > Für Fischgerichte verwende ich gern Estragon. Das zartblättrige Kraut, das in der französischen Küche sehr beliebt ist, hat ein frisches, leicht anisartiges Aroma. Es schmeckt äußerst intensiv, weshalb man es nur sparsam dosieren sollte. Estragon passt auch wunderbar zu hellen Saucen, zu Ei und Geflügel. Im Sommer gebe ich ihn fein geschnitten an Erdbeeren, die ich vorher in altem Aceto balsamico mariniert habe.

KARTOFFELN

Auf Kartoffeln könnte ich nicht verzichten. Das geht nicht allein mir so: Deutschland belegt einen Spitzenplatz beim Verbrauch von Kartoffeln. Schade ist allerdings, dass den größten Anteil fertige Kartoffelprodukte wie Chips und Pommes frites ausmachen. Dabei sind Kartoffeln wahre Verwandlungskünstler. In diesem Kapitel stelle ich Ihnen die beliebtesten Klassiker vor und zeige Ihnen, wie man sie mit wenig Aufwand immer wieder neu variieren kann: Da gibt es ein lockeres Püree und knusprige Bratkartoffeln ebenso wie einen würzigen Salat, ein sahniges Gratin oder eine feine Gemüsesuppe. Aber Kartoffeln können noch mehr: Ich fülle sie mit Schinken und Salbei und belege damit auch Pizza. Und ich wette mit Ihnen: Wenn Sie diese Rezepte probiert haben, lassen Sie die Pommes vom Imbiss links liegen.

Häufig unterschätzte Alleskönner

Salzkartoffeln, Pellkartoffeln, Bratkartoffeln – wer die vielseitigen Knollen nicht auch einmal anders zubereitet, hat wirklich etwas versäumt. Kartoffeln sind Allroundtalente wie kaum ein anderes Gemüse. Vom Püree bis zum Gratin, vom Salat bis zur Pizza, alles ist möglich. Und mit den richtigen Zutaten verwandeln sich die äußerlich unscheinbaren Knollen in eine kulinarische Sensation.

Für jedes Gericht die passende Kartoffel

Es gibt so viele Kartoffelsorten, dass es schwerfällt, nicht den Überblick zu verlieren. Um Ordnung in die Kartoffelvielfalt zu bringen, werden die Sorten in drei Kategorien eingeteilt. Diese sind abhängig vom Stärkegehalt und den Kocheigenschaften, die sich daraus ergeben, und sie müssen beim Verkauf angegeben werden. Mehlig kochende Kartoffeln enthalten viel Stärke und zerfallen leicht beim Kochen. Sie sind ideal für Suppen und Püree, wenn man eine flaumige Konsistenz möchte; außerdem nimmt man sie für Kartoffelteige. Vorwiegend festkochende Sorten sind für Salz- und Pellkartoffeln die erste Wahl, man kann aber auch Püree daraus zubereiten, wenn man es etwas »kerniger« mag. Für Salate und Bratkartoffeln sind festkochende Sorten perfekt: Sie haben wenig Stärke und bleiben deshalb immer gut in Form. Zu meinen Lieblingskartoffeln zählen die längliche französische La Ratte und die wiederentdeckte alte Sorte Bamberger Hörnchen, beide festfleischig und mit herrlichem Geschmack.

Kartoffeln mögen's kühl

Wer Kartoffeln in größeren Mengen kauft, braucht einen kühlen, luftigen und dunklen Raum, um sie zu lagern, denn Licht und Wärme vertragen Kartoffeln nicht (siehe rechte Seite). Früher hatte jedes Haus einen geeigneten Keller; im Herbst konnte dort der Kartoffelvorrat für viele Monate eingelagert werden. Moderne Keller sind aber oft viel zu warm und zu trocken. Deshalb sollten Sie Kartoffeln lieber in kleinen Mengen kaufen und sie, falls sie in Plastik verpackt sind, in eine Papiertüte oder ein Jutesäckchen umfüllen und im Gemüsefach des nicht zu kalt eingestellten Kühlschranks lagern.

Grundkurs Kartoffeln

Bratkartoffeln zubereiten

Für rundum knusprige Bratkartoffeln eignen sich festkochende Kartoffeln. Man kocht sie mit Schale bissfest und lässt sie auskühlen. Dann werden die Kartoffeln gepellt und in gleichmäßige Scheiben geschnitten. So geht es weiter:

Die Kartoffelscheiben in reichlich heißem Olivenöl goldbraun braten, dabei einmal wenden.

Speck- und Zwiebelwürfel dazugeben und einige Minuten mitbraten. Mit Salz und Pfeffer würzen.

Das Öl abgießen oder mit Küchenpapier entfernen. Etwas Butter und Schnittlauchröllchen hinzufügen.

Kartoffelpüree auf dreierlei Art

Für Püree müssen gekochte Kartoffeln fein zerkleinert werden. Ein Stabmixer ist dafür ungeeignet, er macht Kartoffelbrei zäh und klebrig. Egal, ob Sie ein feines oder ein grobes Püree möchten, so machen Sie es richtig:

Für ein feines Kartoffelpüree die Kartoffeln durch die Kartoffelpresse drücken.

Für ein etwas groberes Püree die Kartoffeln mit dem Stampfer zur gewünschten Konsistenz zerdrücken.

Für eine Kartoffelmousseline das fertige Püree nochmals durch ein feines Sieb passieren.

Die Freunde der Kartoffel

Das Schöne an Kartoffeln ist, dass man sie eigentlich mit allem kombinieren kann. Man kann sie sogar als Süßspeise zubereiten, zum Beispiel als Zwetschgenknödel. Es gibt aber Zutatenkombinationen, die sich einfach als unschlagbar bewährt haben. Mit ihnen kann man Kartoffelsalaten, Bratkartoffeln oder Stampfkartoffeln eine immer wieder neue Note geben. Hier eine kleine Auswahl aus dem großen Freundeskreis der Kartoffel: Zwiebeln und Äpfel, Rosmarin und Schinken, Käse und Salbei, Majoran und Speck, Oliven und Tomaten, grüne Bohnen und Zitrone.

Nützliches zum Einkauf

Kartoffeln sollten eine glatte, unbeschädigte Schale haben. Beim Einkauf können Sie auf einen Blick erkennen, ob Ihre Kartoffeln falsch gelagert wurden: Wenn die Knollen keimen, haben sie zu viel Wärme abbekommen und bereits an Geschmack verloren. Grüne Stellen sind ein Indiz dafür, dass die Kartoffeln zu viel Licht ausgesetzt waren. Dort, wo sie grün sind, enthalten sie das gesundheitsschädliche Solanin. Finger weg von dieser Ware! Kartoffeln, die Frost ausgesetzt waren, schmecken süßlich, da sich die Stärke in Zucker umgewandelt hat. Auch sie sind nicht mehr zu empfehlen!

Grundkurs Kartoffeln

Feines Kartoffelpüree

Zutaten für 4 Personen
800 g mehlig kochende
Kartoffeln
Meersalz
ca. 300 ml Milch
80 g Butter
Pfeffer aus der Mühle
frisch geriebene Muskatnuss

Zubereitungszeit:
ca. 30 Minuten

1 Die Kartoffeln schälen, waschen und in grobe Würfel schneiden. In einem großen Topf Salzwasser zum Kochen bringen und die Kartoffeln darin etwa 20 Minuten weich kochen. Das Wasser abgießen und die Kartoffeln einige Minuten ausdampfen lassen, bis sie trocken sind. Dafür den Topf mit den Kartoffeln kurz auf die noch heiße Herdplatte stellen und ein Küchenhandtuch zwischen Topf und Deckel klemmen. Anschließend die Kartoffeln durch die Kartoffelpresse oder ein feines Sieb drücken.

2 Die Milch aufkochen. Die heiße Milch und die Butter mit einem Schneebesen unter die Kartoffeln rühren. Mit Salz, Pfeffer und Muskatnuss würzen.

Variationen:

Für ein Kartoffel-Sellerie-Püree nur 600 g Kartoffeln verwenden und zum Schluss 200 g weich gekochten, pürierten Knollensellerie unterheben.

Für ein Kartoffel-Lauch-Püree nur 600 g Kartoffeln verwenden und zum Schluss 250 g in Salzwasser weich gekochten, pürierten und durch ein Sieb gestrichenen Lauch (nur die grünen Teile verwenden) unterheben.

Für eine Kartoffel-Mousseline die Buttermenge um etwa 40 g erhöhen, damit das Püree cremiger wird.

Grob gestampftes Kartoffelpüree

Zutaten für 4 Personen
800 g vorwiegend festkochende
Kartoffeln
Meersalz
ca. 200 ml Milch
50 g Butter oder 50 ml Olivenöl
Pfeffer aus der Mühle
frisch geriebene Muskatnuss

Zubereitungszeit:
ca. 30 Minuten

1 Die Kartoffeln schälen, waschen und in große Würfel schneiden. In einem großen Topf Salzwasser zum Kochen bringen und die Kartoffeln darin etwa 20 Minuten weich kochen. Das Wasser abgießen und die Kartoffeln einige Minuten ausdämpfen lassen, bis sie trocken sind. Anschließend die Kartoffeln mit dem Kartoffelstampfer grob zerdrücken.

2 Die Milch aufkochen. Die heiße Milch und die Butter mit einem Kochlöffel unter die Kartoffeln rühren. Mit Salz, Pfeffer und Muskatnuss würzen.

Variationen:

Für ein Kartoffel-Apfel-Püree 250 g in Butter weich gedünstete Äpfel (nach Belieben leicht zerdrücken) und Zwiebelspalten unterheben.

Für ein Kartoffel-Erbsen-Püree 200 g in Butter weich gedünstete Erbsen (nach Belieben leicht zerdrücken oder teilweise pürieren) unterheben.

Für ein Rucola-Käse-Püree 150 g Ziegenfrischkäse, einige Blättchen fein geschnittenes Basilikum, eine Handvoll grob zerzupfte Rucolablätter und 3 EL in Streifen geschnittene grüne Oliven unterheben.

Grundkurs Kartoffeln

Kartoffelsalat
mit knusprigen Speckwürfeln

Zutaten für 4–6 Personen

1,2 kg kleine festkochende Kartoffeln (z.B. La Ratte oder Linda)
Meersalz
1 TL ganzer Kümmel
80 g durchwachsener Speck (in dünnen Scheiben)
1 EL Öl
2 Schalotten
200 ml Hühnerbrühe (siehe S. 98)
1 EL Dijonsenf
5 EL Sherryessig
4 EL Rapsöl
3–4 EL Schnittlauchröllchen
Fleur de Sel
Pfeffer aus der Mühle

Zubereitungszeit:
ca. 30 Minuten

1 Die Kartoffeln waschen und mit der Schale in Salzwasser mit Kümmel 15 bis 20 Minuten weich kochen (Garprobe: Wenn man mit einem kleinen spitzen Messer mühelos hineinstechen kann, sind die Kartoffeln fertig). Dann abgießen und lauwarm abkühlen lassen. Die Kartoffeln pellen und in Scheiben schneiden.

2 Den Speck in kleine Würfel schneiden. Das Öl in einer Pfanne erhitzen und den Speck darin knusprig braten. Die Schalotten schälen, in feine Würfel schneiden und in der Speckmischung glasig dünsten. Die Speck-Schalotten-Mischung zu den Kartoffelscheiben geben.

3 Die Brühe erhitzen und mit Senf, Essig und dem Rapsöl verrühren. Die Flüssigkeit über die Kartoffeln gießen, vorsichtig untermischen und mindestens 30 Minuten durchziehen lassen. Den Schnittlauch unterheben. Den Kartoffelsalat mit Fleur de Sel, Pfeffer und nach Belieben mit etwas Essig abschmecken.

Variationen:

Für einen Kartoffel-Bohnen-Salat Tiroler Speck verwenden und 250 g blanchierte grüne Bohnen mit den Kartoffeln marinieren. Statt Schnittlauch fein geschnittenes Bohnenkraut und Petersilie unter den Salat heben.

Für einen Fenchel-Kartoffel-Salat den Speck weglassen. Dafür 2 in feine Würfel geschnittene Knoblauchzehen und 1 TL Thymianblättchen mit den Schalotten in 3 EL Olivenöl andünsten. 1 gehobelte Fenchelknolle mit 100 ml Weißwein dazugeben und den Fenchel weich dünsten. Die Fenchelmischung, 3 EL grüne Oliven und 60 g in Würfel geschnittene getrocknete Tomaten unter die marinierten Kartoffeln heben. Den Salat durchziehen lassen und mit Salz und Pfeffer würzen.

Mein Tipp > Bereiten Sie im Frühjahr Kartoffelsalat doch mal mit neuen Kartoffeln zu. Wählen Sie dafür kleine Kartoffeln von ähnlicher Größe. Neue Kartoffeln müssen Sie nicht schälen, sondern lediglich unter fließendem Wasser gründlich bürsten. Die gegarten Kartoffeln brauchen Sie dann nur noch zu halbieren.

Grundkurs Kartoffeln

Klare Kartoffel-Lauch-Suppe
mit gerösteten Parmesanbroten

Zutaten für 6 Personen
750 g Lauch
1 Schalotte
80 g Butter
1 ½ l Hühnerbrühe (siehe S. 98)
500 g festkochende Kartoffeln
Meersalz
Pfeffer aus der Mühle
6 dünne Scheiben Ciabatta
60 g geriebener Parmesan

Zubereitungszeit:
ca. 40 Minuten

1 Vom Lauch das Grün entfernen. Die hellen Teile putzen und, falls nötig, waschen. Den Lauch in feine Ringe schneiden. Die Schalotte schälen und in feine Würfel schneiden. In einem Topf 60 g Butter erhitzen und den Lauch mit den Schalotten darin etwa 5 Minuten bei schwacher Hitze hell andünsten. Die Brühe hinzufügen und etwa 10 Minuten köcheln lassen.

2 Die Kartoffeln schälen, waschen und in kleine Stücke schneiden. Zur Brühe geben, mit Salz und Pfeffer würzen und 15 Minuten weich köcheln.

3 Den Backofen auf 150 °C vorheizen. Die Brotscheiben auf das Ofengitter legen und im Ofen auf der mittleren Schiene einige Minuten anrösten. Dann mit dem Parmesan bestreuen und den Käse im Ofen etwas schmelzen lassen.

4 Die Suppe mit Salz und Pfeffer abschmecken und die restliche Butter unterrühren. Die gerösteten Parmesanbrote dazu servieren.

Grundkurs Kartoffeln

Kartoffelsuppe classico
mit Croûtons

Zutaten für 6 Personen
800 g Lauch
1 Schalotte
200 g Butter
1 kg mehlig kochende Kartoffeln
Meersalz · Pfeffer aus der Mühle
2 Stiele Majoran
1 1/2 l Hühnerbrühe (siehe S. 98)
4 Scheiben Weißbrot
(z. B. Sandwichbrot)
1/4 l Milch

Zubereitungszeit: ca. 40 Minuten

1 Vom Lauch das Grün entfernen. Die hellen Teile putzen und, falls nötig, waschen. Den Lauch längs halbieren und fein schneiden. Die Schalotte schälen und in feine Würfel schneiden. In einem Topf 100 g Butter erhitzen, den Lauch und die Schalotte dazugeben, kurz andünsten und zugedeckt etwa 10 Minuten dünsten.

2 Die Kartoffeln schälen, waschen und in grobe Würfel schneiden. Zu der Lauch-Schalotten-Mischung geben und mit Salz und Pfeffer würzen. Den Majoran waschen und trocken schütteln. Die Brühe zu den Kartoffeln gießen, die Majoranstiele dazugeben, die Brühe aufkochen und die Kartoffeln bei schwacher Hitze zugedeckt etwa 25 Minuten weich köcheln.

3 Das Weißbrot in kleine Würfel schneiden. In einer Pfanne 50 g Butter erhitzen und die Brotwürfel darin knusprig braten. Die Croûtons herausnehmen und auf Küchenpapier abtropfen lassen.

4 Die Kartoffelsuppe durch ein Sieb streichen. Die Milch mit der restlichen Butter erhitzen und zur Suppe geben. Alles mit dem Stabmixer kurz aufschlagen, mit Salz und Pfeffer würzen und auf Suppentassen oder tiefe Teller verteilen. Die Croûtons darüberstreuen. Die Suppe nach Belieben mit Majoran und geschlagener Sahne anrichten.

Mein Tipp > Nach diesem Rezept können Sie auch andere Gemüsesuppen, zum Beispiel mit Knollensellerie, Pastinaken oder Möhren, kochen. Die Suppen werden cremiger, wenn Sie zum Schluss noch einige Löffel geschlagene Sahne unterziehen.

Grundkurs Kartoffeln

Kartoffelgratin
mit Parmesan

Zubereitungszeit:
ca. 1 Stunde

Zutaten für 4–6 Personen
1 kg vorwiegend festkochende Kartoffeln
60 g Butter
Meersalz · Pfeffer aus der Mühle
1/2 l Milch
200 g Crème fraîche
100 g geriebener Parmesan
frisch geriebene Muskatnuss

1 Die Kartoffeln schälen, waschen und in 2 bis 3 mm dicke Scheiben schneiden oder hobeln (siehe Step 1). Eine Gratinform mit etwa 20 g Butter einfetten und die Kartoffelscheiben dachziegelartig einschichten. Mit Salz und Pfeffer würzen.

2 Den Backofen auf 180 °C vorheizen. Die Milch in einem Topf aufkochen lassen, die Crème fraîche und 50 g Parmesan unterrühren. Mit Salz, Pfeffer und Muskatnuss abschmecken. Die Milch-Käse-Mischung über die Kartoffeln gießen (siehe Step 2). Den restlichen Parmesan darüberstreuen und die übrige Butter in kleinen Flöckchen darauf verteilen (siehe Step 3). Den Kartoffelgratin im Backofen auf der 2. Schiene von unten etwa 30 Minuten goldbraun überbacken. Dazu passen kurz gebratenes Fleisch und ein sommerlicher Blattsalat.

Variationen:

Für einen Steinpilz-Kartoffel-Gratin 300 g geputzte, in Scheiben geschnittene Steinpilze mit 1 Rosmarinzweig in etwas Butter braten. Mit Salz und Pfeffer würzen und die Pilzscheiben vor dem Backen zwischen den Kartoffeln verteilen.

Für einen Gorgonzola-Kartoffel-Gratin 50 g Gorgonzola dolce statt des Parmesans in die Milch rühren.

Mein Tipp > Mit einem Gemüsehobel geht das Schneiden der Kartoffeln schnell, und die Scheiben werden schön gleichmäßig. Es muss kein teurer Profi-Hobel aus Edelstahl sein. Hauptsache, er hat eine scharfe Klinge und man kann die Schnittbreite einstellen. Übrigens: Wenn Sie die Kartoffeln in kaltes Wasser geben, bis alle geschält sind, werden sie nicht braun.

Grundkurs Kartoffeln

Kartoffel-Pizzette
mit Rosmarin und Knoblauch

Zutaten für ca. 16 Stück
Für den Teig:
3/4 Würfel Hefe (30 g)
500 g Mehl
1 TL Meersalz
Mehl zum Verarbeiten
Für den Belag:
6 kleine festkochende Kartoffeln
(à ca. 50 g)
3 EL Olivenöl
1 EL Rosmarinnadeln
Fleur de Sel
Pfeffer aus der Mühle
Öl für die Backbleche
4 Knoblauchzehen

Zubereitungszeit:
ca. 45 Minuten
Ruhezeit: ca. 2 Stunden

1 Für den Teig die Hefe zerbröckeln und mit 200 ml lauwarmem Wasser und 100 g Mehl verrühren. Zugedeckt etwa 30 Minuten gehen lassen. Das restliche Mehl und das Salz in eine Schüssel geben. Die Hefemischung und etwa 100 ml Wasser hinzufügen und mit den Knethaken des Handrührgeräts kurz verkneten.

2 Den Teig auf die bemehlte Arbeitsfläche geben und kräftig durchkneten, bis er schön glatt und geschmeidig ist. Den Teig dabei ab und zu auf die Arbeitsfläche schlagen. Den Teig in 4 Portionen teilen, jeweils mit etwas Mehl bestäuben und locker mit Frischhaltefolie bedeckt etwa 1 1/2 Stunden gehen lassen, bis er das doppelte Volumen erreicht hat.

3 Für den Belag die Kartoffeln schälen, waschen und in 2 bis 3 mm dünne Scheiben schneiden. Das Olivenöl, den Rosmarin, etwas Fleur de Sel und Pfeffer dazugeben und mit den Kartoffeln mischen.

4 Den Backofen auf 240 °C vorheizen. Zwei Backbleche mit Öl bestreichen. Die Teigportionen vierteln und jede Portion zu einem runden Fladen von etwa 10 cm Durchmesser drücken. Jeweils 8 dieser kleinen Pizze (Pizzette) auf ein Backblech legen. Die Kartoffelscheiben darauf verteilen und mit Fleur de Sel und Pfeffer würzen. Die Pizzette nacheinander auf der mittleren Schiene jeweils etwa 12 Minuten goldbraun backen. Den Knoblauch schälen, in feine Scheiben schneiden und jeweils 5 Minuten vor Garzeitende auf die Kartoffeln streuen und mitbacken. Die Pizzette nach Belieben vor dem Servieren mit Olivenöl beträufeln oder mit Pancettascheiben belegen.

Mein Tipp > Zimmertemperatur reicht aus, um Hefeteig aufgehen zu lassen. Sie können den Vorgang aber etwas beschleunigen, indem Sie den Teig in die Nähe einer Heizung oder in die Sonne ans Fenster stellen. Decken Sie die Schüssel aber auf jeden Fall mit einem Küchenhandtuch ab.

Grundkurs Kartoffeln

Kartoffel-»Panino«
mit Salbei und Schinken

Zubereitungszeit:
ca. 1 Stunde
Kühlzeit: über Nacht

Zutaten für 4 Personen
4 große festkochende Kartoffeln (à 150–200 g)
Meersalz
4 Zweige Salbei
4 dünne Scheiben gekochter Schinken
4 Scheiben Fontina oder würziger Bergkäse
Pfeffer aus der Mühle
4 EL Butter
3 EL Olivenöl

1 Am Vortag die Kartoffeln waschen und mit Schale in Salzwasser etwa 30 Minuten weich kochen. Die Kartoffeln abgießen, kalt abschrecken und abkühlen lassen.

2 Am nächsten Tag den Salbei waschen und trocken schütteln. Die Kartoffeln pellen, jeweils oben und unten auf der Längsseite etwas flach schneiden und längs halbieren. Die Schinkenscheiben halbieren. Auf 4 abgeflachte Kartoffelhälften jeweils zuerst 1/2 Schinkenscheibe, dann 1 Käsescheibe und wieder 1/2 Schinkenscheibe legen (siehe Step 1). Zum Schluss mit den übrigen Kartoffelhälften wie belegte Brötchen bedecken. Die »Panini« mit Küchengarn zusammenbinden, dabei je 1/2 Salbeizweig darauf fixieren (siehe Step 2).

3 Den Backofen auf 160 °C vorheizen. In einer Pfanne 2 EL Butter und das Olivenöl erhitzen und die »Panini« darin auf beiden Seiten goldbraun braten. Mit Salz und Pfeffer würzen. Von den übrigen Salbeizweigen die Blätter abzupfen. Eine ofenfeste Form mit der restlichen Butter einfetten. Die »Panini« in die Form setzen, das Fett aus der Pfanne darüberträufeln und die »Panini« mit dem Salbei bestreuen. Die »Panini« im Backofen auf der mittleren Schiene etwa 15 Minuten backen. Dazu passt Feldsalat.

Mein Tipp > Salbei gehört zu den Lieblingskräutern der Italiener. Er ist ein Muss für Saltimbocca – kleine, mit Parmaschinken gebratene Kalbsschnitzel – und passt zu Gnocchi oder jungem Gemüse. Im Gegensatz zu anderen empfindlichen Kräutern bekommt es den pelzigen Salbeiblättern gut, wenn sie kurz in Olivenöl oder Butter angebraten werden – so entfalten sie ihr feines Aroma am besten.

PILZE

Als Kind habe ich es geliebt, mit den Großen auf Pilz-suche in den Wald zu gehen – und die Beute hinterher zu verspeisen. Waldspaziergänge mache ich nur noch selten, Pilze esse ich aber immer noch für mein Leben gern. Ganz einfach gebraten, mit Zwiebelwürfeln oder Rührei sind sie schon ein Genuss, aber es geht noch besser: Ich wickle sie in Crêpes, mische sie unter Pasta und Risotto oder serviere sie sogar zu Fisch. Zum Glück für Genießer gibt es einige Pilzsorten inzwischen das ganze Jahr über. Spätsommer und Herbst bleiben aber die Zeiten, in denen heimische Waldpilze einen kulina-rischen Glanzpunkt setzen. Denn die erdig kräftigen Aromen von Pfifferlingen, Steinpilzen und Co. sind einfach nicht zu toppen. Begleiten Sie mich zu einem genussvollen Spaziergang durch die Welt der Pilze.

Aus Wald und Zucht

Wer früher Pilze essen wollte, der musste auf den Herbst warten und zum Sammeln in den Wald gehen. Heute ist es einfacher: Während der Pilzsaison gibt es auf jedem Wochenmarkt und in gut sortierten Supermärkten Waldpilze wie Pfifferlinge, Steinpilze oder Maronenröhrlinge in guter Qualität. Aber auch außerhalb unserer Saison werden immer öfter Waldpilze angeboten – ein Ergebnis des weltweiten Handels. Den Rest des Jahres können wir unseren Appetit auf Pilze mit Zuchtpilzen stillen. An erster Stelle stehen hier natürlich Champignons. Ich koche am liebsten mit den aromatischen braunen Champignons, auch Steinchampignons oder Egerlinge genannt. Doch auch Austernpilze und Kräuterseitlinge lassen sich inzwischen kultivieren und bereichern das ganzjährige Pilzangebot.

Ab ins Körbchen!

Pilze sind sehr empfindlich. Sie mögen es nicht, wenn sie zu eng liegen und gequetscht werden: Sie werden dann fleckig, weich und riechen unangenehm. Außerdem lieben es Pilze luftig. Ein luftdichter Behälter oder eine Plastiktüte ist deshalb nicht das Richtige für sie. Pilzsammler nehmen nicht ohne Grund immer ein Körbchen mit auf ihren Rundgang. In ihm liegen Pilze locker und luftig. Ein Körbchen oder eine Papiertüte ist auch für das Lagern zu Hause ideal. So halten sich Pilze 1 bis 2 Tage im Kühlschrank. Dann sollten sie allerdings zubereitet werden.

Auch aufgewärmt ein Genuss

Pilze schmecken gebraten am besten. Damit sie in der Pfanne kein Wasser ziehen und nicht auslaugen, sollten sie nur, falls nötig, gewaschen werden (siehe rechte Seite). Die alte Küchenregel, dass man Pilze nicht aufwärmen darf, stimmt übrigens nicht mehr. Sie stammt aus einer Zeit, in der es noch keine Kühlschränke gab und fertige Pilzgerichte oft über längere Zeit bei Zimmertemperatur gelagert wurden. Heute hat man es leichter: Wenn Sie zubereitete Pilze schnell kühl stellen und am nächsten Tag wieder gut erhitzen, können Sie sie unbesorgt ein zweites Mal genießen.

Grundkurs Pilze

Pilze putzen

Vor der Zubereitung müssen Sie auch bei Zuchtpilzen kleine Schmutzreste entfernen und die Pilze anschließend von faserigen oder trockenen Stellen befreien. So geht es:

Schmutzreste mit leicht angefeuchtetem Küchenpapier vorsichtig abtupfen oder abreiben.

Die Pilzstiele mit einem kleinen Küchenmesser ringsum sauber kratzen und schadhafte Stellen entfernen.

Die trockenen Stielansätze der Pilze großzügig abschneiden.

Pilze waschen

Stark verschmutzte Pilze müssen gewaschen werden. Wenn sie in die Pfanne kommen, sollten sie aber möglichst trocken sein, damit sie nicht sofort Wasser ziehen. So machen Sie es richtig:

Die Pilze möglichst kurz in einer Schüssel mit Wasser waschen.

Die Pilze in ein Sieb abgießen und vorsichtig trocken schütteln.

Nebeneinander auf Küchenpapier legen und gut trocken tupfen.

Pilze selbst trocknen

Wer mehr Pilze hat, als er essen kann, kann sie trocknen. Getrocknete Pilze konservieren und konzentrieren das Pilzaroma. Zum Trocknen gibt es spezielle Dörröfen, es geht aber auch im Backofen: Die Pilze putzen, in dünne Scheiben schneiden und auf mit Backpapier ausgelegte Backbleche verteilen. Den Ofen auf 75 °C Umluft vorheizen und die Pilze auf der mittleren Schiene 2 Stunden trocknen (einen Kochlöffel in die Backofentür klemmen). Abkühlen lassen und luftdicht verpacken. Eine kleine Pilzmenge können Sie auf einem Band auffädeln und an einem luftigen und warmen Ort zum Trocknen aufhängen.

Ideal zum Würzen

Getrocknete Pilze verleihen Suppen, Saucen oder Schmorgerichten ein feines Pilzaroma. Sie werden dabei eher als Gewürz verwendet, nicht als Gemüse. Sehr aromatisch sind getrocknete Steinpilze und das daraus gewonnene Steinpilzpulver: Schon kleine Mengen geben einen intensiven Pilzgeschmack. Getrocknete Pilze müssen längere Zeit eingeweicht werden, damit sie ihr Aroma abgeben. Filtern Sie die Einweichflüssigkeit durch ein mit Küchenpapier ausgelegtes Sieb, damit eventuell anhaftender Sand zurückbleibt. Den so entstandenen Pilzfond können Sie dann zum Kochen verwenden.

Grundkurs *Pilze*

Polentasuppe
mit gebackenen Steinpilzen

Zutaten für 4 Personen
Für die Polenta:
50 g Lardo (siehe S. 155) oder grüner Speck
2 Schalotten
1 Zweig Rosmarin
3 Zweige Thymian
1 EL Olivenöl
100 ml Weißwein
1 l Hühnerfond oder -brühe (siehe S. 98 oder aus dem Glas)
200 g Sahne
60 g grober Maisgrieß (Polenta Bramata, siehe Tipp)
50 g geriebener Parmesan
Fleur de Sel
Pfeffer aus der Mühle

Für die Pilze:
8 kleine Steinpilze (à ca. 20 g)
3 EL grober Maisgrieß
1 EL fein geschnittene Petersilie
1 TL gehackte Rosmarinnadeln
1 Ei · Fleur de Sel
Pfeffer aus der Mühle
100 ml Olivenöl zum Braten

Zubereitungszeit: ca. 1 Stunde

1 Für die Polenta den Lardo in feine Würfel schneiden. Die Schalotten schälen und ebenfalls in feine Würfel schneiden. Die Kräuter waschen und trocken schütteln. In einer Pfanne das Olivenöl erhitzen und den Lardo darin knusprig braten. Die Schalotten und die Kräuterzweige hinzufügen und andünsten. Mit Wein ablöschen und die Flüssigkeit einköcheln lassen. Den Fond oder die Brühe angießen und zugedeckt 15 Minuten köcheln lassen. Die Flüssigkeit durch ein Sieb in einen zweiten Topf gießen, 150 g Sahne untermischen und aufkochen lassen. Den Maisgrieß unter Rühren dazugeben und die Suppe etwa 20 Minuten köcheln lassen.

2 Für die Pilze die Steinpilze putzen und vorsichtig abreiben, falls nötig, waschen und gut trocken tupfen (siehe S. 43). Die Pilze längs halbieren. Den Maisgrieß in einem tiefen Teller mit den Kräutern mischen. Das Ei in einem zweiten tiefen Teller verquirlen, mit Fleur de Sel und Pfeffer würzen und die Mischung auf einen Teller geben. Das Olivenöl in einer Pfanne erhitzen. Die Pilzhälften mit der Schnittfläche zunächst in das verquirlte Ei tauchen und dann in die Grießmischung drücken. Die Pilze im heißen Öl auf der panierten Seite knusprig braten, vorsichtig wenden und auf der anderen Seite ebenfalls kurz braten. Herausnehmen und auf Küchenpapier abtropfen lassen.

3 Die restliche Sahne steif schlagen. Die Polentasuppe vom Herd nehmen und den Parmesan unterrühren. Die Suppe mit Fleur de Sel und Pfeffer abschmecken und mit dem Stabmixer schaumig aufschlagen, dabei nach und nach die geschlagene Sahne dazugeben. Die Polentasuppe mit den gebratenen Steinpilzen anrichten und nach Belieben mit kleinen Rosmarinzweigen garnieren.

Mein Tipp > »Polenta Bramata« ist grob gemahlener Maisgrieß, aus dem die Norditaliener ihre geliebte Polenta, einen sämigen Maisbrei, kochen. Sie ist die ideale Beilage zu Fleischgerichten mit viel Sauce. Auch sehr fein: Die gekochte Polenta auf ein Backblech streichen, auskühlen lassen und in Stücke schneiden. Die Polentastücke dann in Olivenöl goldbraun braten und mit Tomatensugo (siehe S. 13) servieren.

Grundkurs Pilze

Pilz-Antipasti
mit Zitronenmarinade

Zutaten für 4 Personen
400 g Champignons
und/oder Stein- bzw. Austernpilze
4 Knoblauchzehen
1 Stiel Zitronenverbene
oder 1 Zweig Thymian
2 Stiele Petersilie · 1 Stiel Oregano
4 EL Olivenöl
Fleur de Sel · Pfeffer aus der Mühle
1 EL Schnittlauchröllchen
1–2 EL Zitronensaft

Zubereitungszeit:
ca. 30 Minuten

1 Die Pilze putzen und vorsichtig abreiben, falls nötig, waschen und gut trocken tupfen (siehe S. 43). Die Pilze in Scheiben bzw. klein schneiden. Den Knoblauch schälen und in feine Scheiben schneiden. Die Kräuter waschen und trocken schütteln, die Blätter abzupfen und fein schneiden.

2 Das Olivenöl in einer großen Pfanne erhitzen und die Pilze darin bei starker Hitze anbraten. Die Knoblauchscheiben dazugeben und kurz mitbraten. Mit Fleur de Sel und Pfeffer würzen. Die fein geschnittenen Kräuter mit den Schnittlauchröllchen hinzufügen und die Mischung mit Zitronensaft abschmecken. Die Pilz-Antipasti lauwarm oder kalt mit geröstetem Landbrot servieren. Sie können sie nach Belieben auch schon am Vortag zubereiten, mit 1 Schuss Olivenöl mischen und zugedeckt im Kühlschrank aufbewahren. Etwa 1 Stunde vor dem Servieren herausnehmen und mit Fleur de Sel und Pfeffer abschmecken.

Grundkurs Pilze

Pilz-Frittata
mit Pancetta und Kräutern

Zutaten für 4 Personen

500 g Pilze (z. B. braune Champignons, Pfifferlinge oder gemischte Waldpilze)
60 g Pancetta in dünnen Scheiben (ital. Bauchspeck)
2 Schalotten
1 Knoblauchzehe
1 Stiel Petersilie
4 EL Olivenöl
1 TL Thymianblätter
Meersalz · Pfeffer aus der Mühle
6 Eier
60 g geriebener Parmesan

Zubereitungszeit: ca. 30 Minuten

1 Die Pilze putzen und vorsichtig abreiben, falls nötig, waschen und gut trocken tupfen (siehe S. 43). Die Pilze in mundgerechte Stücke und die Pancetta in Streifen schneiden. Die Schalotten und den Knoblauch schälen und in feine Würfel schneiden. Die Petersilie waschen und trocken schütteln, die Blätter abzupfen und sehr fein schneiden.

2 Den Backofen auf 140 °C vorheizen. In einer ofenfesten beschichteten Pfanne 2 EL Olivenöl erhitzen und die Pancetta darin knusprig braten. Die Pilze dazugeben und einige Minuten rundum goldbraun braten. Die Petersilie hinzufügen und alles mit Salz und Pfeffer würzen. Die Pilzmischung herausnehmen und beiseitestellen. Das restliche Olivenöl in der Pfanne erhitzen und die Schalotten, den Knoblauch und den Thymian darin anbraten. Mit Salz und Pfeffer würzen und die Pilzmischung dazugeben.

3 Die Eier verquirlen, mit Salz und Pfeffer würzen und den Parmesan unterrühren. Die Eier-Käse-Mischung über die Pilze gießen und durch Schwenken der Pfanne gleichmäßig verteilen. Die Eier im Ofen auf der 2. Schiene von unten etwa 15 Minuten stocken lassen. Die Pilz-Frittata herausnehmen, auf eine Platte gleiten lassen und in Portionsstücke schneiden. Nach Belieben mit knusprig gebratener Pancetta bestreuen.

Mein Tipp > Frittata bereite ich immer wieder mit anderen Gemüsesorten zu, zum Beispiel mit Zucchini, Frühlingszwiebeln, Paprika oder Erbsen. Sie schmeckt übrigens nicht nur frisch aus der Pfanne; man kann sie – wie eine spanische Tortilla – auch abgekühlt in Würfel schneiden und als kalte Vorspeise oder Snack genießen.

Grundkurs Pilze

Gratinierte Champignons
mit Ziegenkäse und Pinienkernen

Zubereitungszeit:
ca. 1 Stunde

Zutaten für 4 Personen
4 Portobello-Champignons (à ca.120 g) oder 8 große braune Champignons
2 Stiele Petersilie · 40 g Taggiasca-Oliven (siehe S.103)
20 g Pinienkerne · 200 g Ziegenfrischkäse
Fleur de Sel · Pfeffer aus der Mühle
8 Zweige Thymian · 1/2 Scheibe Toastbrot (ohne Rinde)
20 g geriebener Parmesan · 3 EL Olivenöl

1 Die Pilze putzen und vorsichtig abreiben, falls nötig, waschen und gut trocken tupfen (siehe S. 43). Die Stiele aus den Pilzhüten schneiden (siehe Step 1) und entfernen (siehe Tipp).

2 Die Petersilie waschen und trocken schütteln, die Blätter abzupfen und fein schneiden. Die Oliven in feine Würfel schneiden. Die Pinienkerne in einer beschichteten Pfanne ohne Fett anrösten und herausnehmen. Den Frischkäse mit den Oliven, den Pinienkernen und der Petersilie verrühren und mit Fleur de Sel und Pfeffer würzen. Den Thymian waschen und trocken schütteln, von 2 Zweigen die Blätter abzupfen und mit dem Toastbrot im Blitzhacker fein zerkleinern. Die Thymian-Brotbrösel mit dem Parmesan mischen.

3 Den Backofengrill vorheizen. In einer Pfanne das Olivenöl erhitzen und die Pilzhüte darin mit 2 Thymianzweigen auf jeder Seite etwa 3 Minuten braten. Mit Fleur de Sel und Pfeffer würzen. Die Pilze aus der Pfanne nehmen und mit der Öffnung nach oben in eine ofenfeste Form setzen. Die restlichen Thymianzweige zwischen die Pilze legen.

4 Die Ziegenkäsemischung auf die Pilzhüte verteilen und die Bröselmischung darübergeben (siehe Step 2). Die Pilze im Ofen auf der mittleren Schiene einige Minuten goldbraun gratinieren. Nach Belieben mit Kräutern garnieren.

Mein Tipp > Portobellos sind besonders groß gewachsene braune Champignons mit kräftigem Aroma. Die Köpfe haben einen Durchmesser von 10 bis 15 cm. Man kann sie gut füllen, aber auch panieren und braten. Die Stiele der Portobellos sind meist recht faserig und werden nicht mitgegessen.

Grundkurs Pilze

Handgemachte Steinpilz-Tagliatelle
mit Pilzrahm und Radicchio

Zutaten für 4 Personen
Für die Nudeln:
100 g Mehl
250 g Hartweizengrieß
(siehe Tipp S. 188)
50 g Steinpilzpulver
4 Eier · Meersalz
Hartweizengrieß zum Bestreuen
Für den Pilzrahm:
400 ml Hühnerfond (siehe S. 98
oder aus dem Glas)
20 g getrocknete Steinpilze
2 Schalotten
2 Knoblauchzehen
2 EL Butter
Fleur de Sel
Pfeffer aus der Mühle
200 g Sahne
150 g Radicchio
2 EL Olivenöl
Außerdem:
4 kleine Steinpilze
150 g Radicchio
2 EL Olivenöl

Zubereitungszeit:
ca. 1 Stunde
Kühlzeit: mind. 1 Stunde

1 Für die Nudeln das Mehl sieben, mit dem Grieß und dem Steinpilzpulver mischen und in die Mitte eine Mulde drücken. Die Eier aufschlagen, in die Mulde geben und 1 Prise Salz hinzufügen. Die Zutaten mit den Händen zu einem glatten, geschmeidigen Teig kneten. Den Teig zu einer Kugel formen, in Frischhaltefolie wickeln und mindestens 1 Stunde kühl stellen.

2 Für den Pilzrahm den Fond mit den getrockneten Steinpilzen in einen Topf geben, aufkochen, abkühlen und 1 Stunde ziehen lassen. Den Steinpilzfond durch ein Sieb gießen. Die Schalotten und den Knoblauch schälen und in feine Würfel schneiden. Die Butter in einer Pfanne erhitzen, die Schalotten und den Knoblauch darin andünsten und mit Fleur de Sel und Pfeffer würzen. Mit dem Steinpilzfond ablöschen, die Sahne dazugießen und die Sauce auf etwa ein Drittel einköcheln lassen. Mit Fleur de Sel und Pfeffer abschmecken.

3 Den Nudelteig mit einem Messer halbieren. Die Portionen mit Grieß bestreuen und mithilfe der Nudelmaschine zu dünnen Bahnen ausrollen. Die Bahnen aufrollen und mit einem Messer in Streifen schneiden. Die Teigstreifen (Tagliatelle) als lockere kleine Nester auf ein mit Grieß bestreutes Backpapier legen.

4 Die Steinpilze putzen und vorsichtig abreiben, falls nötig, waschen und gut trocken tupfen (siehe S. 43). Die Pilze vierteln oder in Scheiben schneiden. Den Radicchio putzen, die Blätter ablösen und die Strunkansätze herausschneiden. Die Blätter waschen, in der Salatschleuder trocken schleudern und in Streifen schneiden. Das Olivenöl in einer Pfanne erhitzen und die Pilze darin rundum einige Minuten braten. Mit Fleur de Sel und Pfeffer würzen. Den Radicchio dazugeben und ganz kurz mitbraten.

5 Die Tagliatelle in reichlich kochendem Salzwasser etwa 4 Minuten bissfest garen. In ein Sieb abgießen, abtropfen lassen und mit dem Pilzrahm mischen. Zuletzt die Pilze und die Radicchiostreifen unterheben.

Mein Tipp > Der dunkelrote, leicht bittere Radicchio hat meist runde und feste Köpfe. Radicchio wird fast immer als Salat verwendet, er harmoniert hervorragend mit Früchten, Nüssen und würzigem Käse. Ich liebe ihn aber auch gebraten und serviere ihn gerne mit Pasta oder Risotto.

Grundkurs Pilze

Crêpes-Säckchen
mit Pilzfüllung

Zutaten für 4 Personen
Für die Crêpes:
4 EL Butter
100 g Mehl
2 Eier
1/4 l Milch
Meersalz
2 EL fein geschnittener Kerbel
Für die Füllung:
400 g Kräuterseitlinge
1 Schalotte
1 Knoblauchzehe
2 EL Olivenöl
Fleur de Sel
Pfeffer aus der Mühle
150 g Taleggio (siehe Tipp) oder ein anderer würziger Weichkäse
Außerdem:
16 Schnittlauchhalme

Zubereitungszeit:
ca. 1 1/2 Stunden

1 Für die Crêpes 2 EL Butter in einem Topf bei schwacher Hitze schmelzen lassen. Das Mehl, die Eier, die Milch, 1 Prise Salz und die lauwarme Butter in eine Schüssel geben und mit dem Schneebesen glatt rühren. Den Teig etwa 15 Minuten quellen lassen. Dann den Kerbel unterrühren.

2 Für die Füllung die Kräuterseitlinge putzen und vorsichtig abreiben, falls nötig, waschen und gut trocken tupfen (siehe S. 43). Die Pilze in Würfel schneiden. Die Schalotte und den Knoblauch schälen und in feine Würfel schneiden. Das Olivenöl in einer Pfanne erhitzen und die Schalotte und den Knoblauch darin andünsten. Die Pilze hinzufügen, einige Minuten mitbraten und mit Fleur de Sel und Pfeffer würzen. Den Taleggio in Würfel schneiden.

3 In einer beschichteten Pfanne (etwa 26 cm Durchmesser) wenig Butter erhitzen, ein Achtel des Teigs hineingeben und sofort durch Schwenken der Pfanne verteilen (siehe S. 192). Den Teig auf der Unterseite goldbraun backen, vorsichtig wenden und die andere Seite fertig backen. Die Crêpe auf einen Teller gleiten lassen. Auf die gleiche Weise nacheinander in heißer Butter 7 weitere Crêpes backen. Den Backofen auf 150 °C vorheizen.

4 Die Schnittlauchhalme in heißes Wasser legen. Die Crêpes nacheinander auf die Arbeitsfläche legen, das Pilzgemüse und die Käsewürfel darauf verteilen. Die Crêpes jeweils über der Füllung zusammennehmen. Jeweils 2 Schnittlauchhalme aus dem Wasser nehmen, abtropfen lassen und die Crêpes damit zubinden (nach Belieben anstelle der Schnittlauchhalme Küchengarn verwenden). Die Crêpes-Säckchen auf eine ofenfeste Platte setzen und im Ofen auf der mittleren Schiene etwa 15 Minuten garen. Die Crêpes-Säckchen nach Belieben mit Blattsalat und knusprig gebratenen Speckscheiben servieren.

Mein Tipp > Taleggio ist ein würziger Kuhmilch-Weichkäse aus der Lombardei im Norden Italiens. Da er sehr leicht schmilzt, verwende ich ihn gern für Füllungen und Saucen. Wenn er zum Kleinschneiden zu weich ist, zerzupfen Sie ihn am besten mit einer Gabel in Stücke. Natürlich können Sie Taleggio auch pur genießen – zum Beispiel mit einem kräftigen Chianti classico.

Grundkurs Pilze

Gebratenes Zanderfilet
mit Pfifferling-Spitzkohl-Gemüse und Haselnusssauce

Zutaten für 4 Personen
Für die Sauce:
60 g Haselnüsse
2 Schalotten
1 Knoblauchzehe
3 Zweige Thymian
2 EL Olivenöl
50 ml Noilly Prat
(franz. Wermut; siehe Tipp)
100 ml Weißwein
200 ml Fischfond (aus dem Glas)
150 g Sahne
50 g kalte Butter
Fleur de Sel
Pfeffer aus der Mühle
1–2 TL Haselnussöl
Für das Gemüse:
300 g Spitzkohl
Meersalz
400 g Pfifferlinge
2 Frühlingszwiebeln
3 Zweige Thymian
4 EL Butter
Pfeffer aus der Mühle
Außerdem:
4 Zanderfilets
(à ca. 150 g; mit Haut)
3 EL Olivenöl
1–2 EL gehobelte Haselnüsse

Zubereitungszeit:
ca. 1 1/2 Stunden

1 Für die Sauce die Haselnüsse grob hacken. Die Schalotten und den Knoblauch schälen und in feine Würfel schneiden. Den Thymian waschen und trocken schütteln. Das Olivenöl in einer Pfanne erhitzen, die Schalotten, den Knoblauch und die Thymianzweige darin andünsten. Die Haselnüsse hinzufügen und mitdünsten. Mit Noilly Prat und Wein ablöschen und die Flüssigkeit fast ganz einköcheln lassen. Den Fond und 100 g Sahne angießen und auf etwa die Hälfte einköcheln lassen. Die Sauce durch ein Sieb gießen. Die restliche Sahne steif schlagen.

2 Für das Gemüse den Spitzkohl putzen, den Strunk entfernen und die Blätter ablösen. Die Blätter waschen, trocken schütteln, in Rauten schneiden und in kochendem Salzwasser bissfest garen. Den Spitzkohl in ein Sieb abgießen, kalt abschrecken und gut abtropfen lassen.

3 Die Pfifferlinge putzen und vorsichtig abreiben, falls nötig, waschen und trocken tupfen (siehe S. 43). Größere Pilze halbieren. Die Frühlingszwiebeln putzen, waschen und fein schneiden. Den Thymian waschen, trocken schütteln und die Blätter abzupfen. Die Butter in einer Pfanne erhitzen und die Frühlingszwiebeln darin andünsten. Die Pilze und den Thymian dazugeben und einige Minuten mitdünsten. Den Spitzkohl hinzufügen und alles mit Salz und Pfeffer würzen.

4 Die Zanderfilets waschen und mit Küchenpapier trocken tupfen. Die Filets jeweils auf der Hautseite mehrmals einritzen (siehe S. 75), die andere Seite leicht salzen. Das Olivenöl in einer Pfanne erhitzen und die Filets darin bei starker Hitze auf der Hautseite etwa 3 Minuten knusprig braten. Die Filets wenden, die Pfanne vom Herd nehmen und den Fisch einige Minuten gar ziehen lassen. Die gehobelten Haselnüsse in einer beschichteten Pfanne ohne Fett goldbraun rösten.

5 Die Haselnusssauce erhitzen und die kalte Butter in kleinen Stücken mit dem Stabmixer unterrühren. Die Sauce mit Fleur de Sel, Pfeffer und Haselnussöl abschmecken. Mit dem Stabmixer aufschäumen, dabei nach und nach die restliche Sahne untermixen. Das Pfifferling-Spitzkohl-Gemüse auf Teller verteilen und die Zanderfilets darauf anrichten, die Sauce darum herum verteilen und alles mit den gerösteten Haselnüssen bestreuen.

Mein Tipp > Noilly Prat, ein trockener Wermut aus Südfrankreich, ist in meiner Küche unverzichtbar. Er gibt Fischgerichten, hellen Saucen und Suppen ein besonders feines Aroma. Ich lösche mit Noilly Prat (und oft auch mit Weißwein) angedünstetes Gemüse ab und lasse die Flüssigkeit fast vollständig einkochen. So verfliegt der Alkohol und der Geschmack bleibt.

GARNELEN

Garnelen sind gefragt – und das nicht ohne Grund: Garnelen haben das typische feine und saftige Fleisch von Krustentieren, sind aber erschwinglicher als Hummer, Langusten und Co. Außerdem sind sie leichter zuzubereiten und unkomplizierter zu essen als ihre gepanzerten Verwandten. Ihre attraktive rosa Farbe lässt jedes Gericht noch ein bisschen appetitlicher aussehen. Natürlich können Sie Garnelen ganz einfach in Olivenöl braten und mit etwas Knoblauch und Zitrone servieren. Ich möchte Ihnen aber zeigen, wie raffiniert man die kleinen Krustentiere noch zubereiten kann: mit Kirschtomaten geschmort, in Pergament oder Knusperteig verpackt, auf einem feinen Salat oder zur Pasta. Da werden sogar Hummer blass … Hummer werden Sie danach nicht mehr vermissen.

Großfamilie aus dem Meer

Shrimps, King oder Tiger Prawns, Krabben, Gambas, Krevetten: Wenn Sie dies auf der Speisekarte lesen, ist immer nur eins gemeint – Garnelen. Etwa 350 Arten werden weltweit gehandelt, allen gemeinsam ist der gepanzerte, seitlich abgeflachte Hinterleib, der das zarte Fleisch enthält. Grob unterscheidet man Garnelen in zwei Gruppen: die kleinen Kaltwassergarnelen, zu denen Nordseekrabben und Grönlandshrimps gehören und die sich vor allem für Cocktails und Salate eignen, und die in wärmeren Gewässern lebenden Riesengarnelen, auch King Prawns, Tiger Prawns oder Gambas genannt. Um sie geht es in diesem Kapitel, denn Riesengarnelen sind die Lieblinge der Mittelmeerküche. Sie lassen sich wunderbar braten, grillen und dämpfen und sehen mit ihrem rosafarbenem Fleisch immer attraktiv aus.

Riesen und Zwerge

Wie der Name schon sagt, können Riesengarnelen eine stattliche Größe von über 20 cm erreichen. In der Regel sind sie jedoch 8 bis 12 cm groß. Ob Sie sich beim Kauf für kleine oder große Riesengarnelen entscheiden, ist eine Frage des Geldbeutels. Für die Rezepte in diesem Buch spielt die Größe keine Rolle. Kleine Garnelen sollten Sie einfach etwas kürzer garen als große.

Besser mit Schale

Wegen der großen Nachfrage werden immer mehr Garnelen aus Aquakulturen angeboten, oft mit negativen Folgen für die Umwelt und Gesundheit. Seit Kurzem kann man aber auch – vor allem in Bioläden – Garnelen mit Öko-Siegel bekommen. Riesengarnelen sind bei uns fast ausschließlich als Tiefkühlware erhältlich – ich ziehe einzeln gefrostete Exemplare den im Eisblock gefrosteten vor. Rohe ungeschälte Garnelen verarbeite ich lieber als geschälte, denn die Schale schützt das Fleisch beim Einfrieren. Garnelen sollte man schonend auftauen (siehe rechte Seite). Dann werden sie je nach Rezept geschält und entdarmt (siehe rechte Seite). Kurz vor der Zubereitung sollten Sie Garnelen kalt abbrausen und sehr gründlich mit Küchenpapier trocken tupfen.

Grundkurs Garnelen

Garnelen schälen

Für die meisten Rezepte müssen ungeschälte Garnelen vor der Zubereitung von Kopf und Schale befreit werden. Den Dreh hat man schnell raus:

Bei ganzen Garnelen zunächst den Kopf mit einer Drehbewegung vom Körper trennen.

Die Schale mit den Fingern von der Bauchseite her bis zum Schwanzende ablösen.

Nach Wunsch den Schwanzfächer stehen lassen oder die Garnele komplett herausziehen.

Garnelen vorbereiten

Aus optischen und geschmacklichen Gründen sollten Sie geschälte Riesengarnelen vor der Zubereitung entdarmen. Ungeschälte Garnelen können Sie vor dem Braten halbieren, dann lassen sie sich leichter essen. Das sind die einzelnen Arbeitsschritte:

Geschälte Garnelen auf der Oberseite mit einem spitzen Messer der Länge nach leicht einschneiden und den dunklen Darm entfernen.

Ungeschälte Garnelen jeweils von der Mitte her nach beiden Seiten der Länge nach durchschneiden.

Zum Grillen ungeschälte Garnelen von der Unterseite her halbieren (nicht durchschneiden!) und aufklappen (Schmetterlingsschnitt).

Richtig auftauen
Garnelen werden überwiegend tiefgekühlt angeboten. Damit das zarte Fleisch nicht zäh und trocken wird, muss es langsam und schonend aufgetaut werden. Blockgefrostete Garnelen gibt man am besten in eine Schale und stellt einen umgedrehten Teller unter den Eisblock, damit die Garnelen nicht in der Auftauflüssigkeit liegen. Einzeln gefrostete Garnelen gibt man zum Auftauen am besten in ein Sieb, das man über eine Schüssel hängt. Die gefrorenen Garnelen sollte man locker mit Frischhaltefolie abdecken und in den Kühlschrank stellen, damit sie langsam auftauen können.

Verwechslung möglich
Riesengarnelen werden in geschältem Zustand häufig mit dem teureren Kaisergranat verwechselt, der weitaus besser bekannt ist unter seinem italienischen Namen »Scampo« (Mehrzahl: »Scampi«). Scampi sind hummerähnliche Krebstiere mit ausgeprägtem Vorderkörper, langen, scharf gezackten Scheren und hartem Panzer. Der Schwanz ist breiter als der von Garnelen und seitlich nicht zusammengedrückt. Scampi haben auch in rohem Zustand eine rosa Farbe. Das Fleisch von frischen Scampi behält beim Garen einen knackigen Biss. Wie Garnelen sind frische Scampi leicht verderblich.

Grundkurs Garnelen

Avocadosalat
mit Garnelen und Mango

Zutaten für 4 Personen
12 rohe Riesengarnelen
(tiefgekühlt; à ca. 40 g,
mit Kopf und Schale)
1 Mango (ca. 400 g)
Saft von 1 Limette
1 TL Ahornsirup
Fleur de Sel
Pfeffer aus der Mühle
6 EL Olivenöl
1 EL Schnittlauchröllchen
1 EL fein geschnittener Koriander
2 reife Avocados
(ca. 120 g; siehe Tipp)
1/2 rote Chilischote

Zubereitungszeit:
ca. 30 Minuten
Auftauzeit: ca. 6 Stunden
oder über Nacht

1   Die Garnelen auftauen lassen (siehe S. 59). Anschließend waschen und mit Küchenpapier trocken tupfen. Die Köpfe abdrehen und die Garnelen bis auf den Schwanzfächer schälen (siehe S. 59). Längs etwas einschneiden und den Darm entfernen (siehe S. 59), kalt abbrausen und trocken tupfen.

2   Das Mangofruchtfleisch auf den flachen Seiten am Kern entlang abschneiden. Die Schale entfernen und das Fruchtfleisch in kleine Würfel schneiden. Den Limettensaft, den Ahornsirup, Fleur de Sel, Pfeffer und 4 EL Olivenöl verrühren. Die Kräuter und die Mangowürfel untermischen.

3   Die Avocados halbieren, die Hälften gegeneinanderdrehen und voneinander lösen. Die Steine entfernen und die Avocadohälften schälen. Das Fruchtfleisch in dünne Scheiben schneiden und auf Tellern auslegen. Die Limetten-Mango-Vinaigrette darüber verteilen.

4   Die Chilischote entkernen, waschen und in feine Würfel schneiden. Das restliche Olivenöl in einer Pfanne erhitzen. Die Garnelen darin bei starker Hitze etwa 2 Minuten auf beiden Seiten braten. Die Chiliwürfel dazugeben und die Garnelen mit Fleur de Sel würzen. Die Garnelen auf dem Avocadosalat anrichten.

Mein Tipp > Bei Avocados ist der Reifegrad entscheidend. Sind sie zu weich, »matschen« sie beim Zerschneiden. Sind sie zu hart, schmecken sie nach nichts. Perfekt sind Avocados, wenn sie auf leichten Druck etwas nachgeben. Harte Exemplare reifen in Zeitungspapier gewickelt bei Zimmertemperatur nach. Oder man gibt sie zusammen mit Äpfeln in einen Gefrierbeutel.

Grundkurs Garnelen

Garnelensuppe
mit geröstetem Blumenkohl

Zutaten für 4 Personen

12 rohe Riesengarnelen
(tiefgekühlt; à ca. 40 g,
ohne Kopf, mit Schale)
1 Möhre
2 Schalotten
2 Stangen Staudensellerie
1 Stange Lauch (300 g)
5 EL Olivenöl
500 g Krustentierkarkassen
(vom Fischhändler)
2 EL Tomatenmark
Meersalz · Cayennepfeffer
4 EL Cognac
150 ml Weißwein
2 Stiele Estragon
2 Zweige Thymian
1 kleine Dose Tomaten
(420 ml Inhalt)
400 ml Hummerfond
(aus dem Glas)
1 Lorbeerblatt
1 TL schwarze Pfefferkörner
1 Sternanis
150 g Blumenkohlröschen
Fleur de Sel
Piment d' Espelette
(siehe Tipp S. 66)
2 EL Crème double
4 EL geschlagene Sahne

Zubereitungszeit:
ca. 2 Sunden
Auftauzeit: ca. 6 Stunden
oder über Nacht

1 Die Garnelen auftauen lassen (siehe S. 59). Anschließend waschen und mit Küchenpapier trocken tupfen. Die Garnelen bis auf den Schwanzfächer schälen (siehe S. 59), längs etwas einschneiden, den Darm entfernen (siehe S. 59), kalt abbrausen und trocken tupfen. Die Garnelen zugedeckt kühl stellen.

2 Die Möhre putzen und schälen. Die Schalotten schälen. Den Sellerie und den Lauch putzen und waschen. Alles in feine Würfel schneiden. In einem großen Topf 3 EL Olivenöl erhitzen und die Krustentierkarkassen darin etwa 5 Minuten rundum anrösten. Das klein geschnittene Gemüse hinzufügen und weitere 5 Minuten unter Rühren braten. Das Tomatenmark unterrühren und kurz mitbraten. Mit Salz und Cayennepfeffer würzen und mit Cognac und Wein ablöschen. Die Flüssigkeit einige Minuten einköcheln lassen.

3 Die Kräuter waschen und trocken schütteln. Die Dosentomaten grob zerkleinern und mit dem Saft, dem Fond sowie 1 Estragonstiel und den Thymianzweigen zum Suppenansatz geben. Das Lorbeerblatt, die Pfefferkörner und den Sternanis hinzufügen und alles 20 Minuten bei schwacher Hitze köcheln lassen. Die Suppe durch ein Sieb gießen.

4 Die Blumenkohlröschen in kochendem Salzwasser 3 bis 5 Minuten bissfest garen. Abgießen, gut abtropfen lassen und mit Küchenpapier trocken tupfen. Vom übrigen Estragonstiel die Blättchen abzupfen und fein schneiden.

5 Die Garnelen noch einmal mit Küchenpapier trocken tupfen. Das restliche Olivenöl in einer Pfanne erhitzen und die Garnelen darin 2 Minuten auf beiden Seiten braten. Mit Fleur de Sel und Piment d' Espelette würzen. Den Blumenkohl hinzufügen und kurz mitbraten. Mit Fleur de Sel und Piment d' Espelette würzen und den Estragon untermischen.

6 Die Suppe erhitzen, die Crème double unterrühren und mit Fleur de Sel und Piment d' Espelette abschmecken. Die Suppe mit dem Stabmixer aufschäumen, dabei nach und nach die geschlagene Sahne untermixen. Jeweils etwas Blumenkohl-Garnelen-Mischung in tiefe Teller verteilen und die Suppe daraufgeben. Nach Belieben mit Estragonblättern garnieren.

Mein Tipp > Damit alle Blumenkohlröschen gleichmäßig gar werden, sollten sie möglichst ähnlich groß sein. Da zu weicher Blumenkohl beim Anbraten leicht zerfällt, nehme ich ihn lieber etwas zu früh als zu spät aus dem Kochwasser.

Grundkurs Garnelen

Zucchini-Minze-Spaghetti
mit Garnelen und Tomaten

Zutaten für 4 Personen
500 g rohe Riesengarnelen
(tiefgekühlt; mit Kopf und Schale)
400 g feste kleine Zucchini
4 Knoblauchzehen
200 g Kirschtomaten
3 Stiele Minze · 6 EL Olivenöl
Fleur de Sel · Pfeffer aus der Mühle
400 g bissfest gekochte Spaghetti

Zubereitungszeit:
ca. 30 Minuten
Auftauzeit: ca. 6 Stunden
oder über Nacht

1 Die Garnelen auftauen lassen (siehe S. 59). Anschließend waschen und mit Küchenpapier trocken tupfen. Die Köpfe abdrehen und die Garnelen bis auf den Schwanzfächer schälen (siehe S. 59). Längs etwas einschneiden, den Darm entfernen (siehe S. 59), kalt abbrausen und trocken tupfen. Die Zucchini putzen, waschen, längs in dünne Scheiben und diese längs in schmale Streifen schneiden. Den Knoblauch schälen und in feine Würfel schneiden. Die Kirschtomaten waschen und halbieren. Die Minze waschen und trocken schütteln, die Blätter abzupfen und fein schneiden.

2 In einer Pfanne 4 EL Olivenöl erhitzen. Die Zucchinistreifen und den Knoblauch darin 4 Minuten braten. Die Tomaten dazugeben und 2 Minuten mitbraten. Mit Fleur de Sel und Pfeffer würzen. In einer zweiten Pfanne das übrige Olivenöl erhitzen und die Garnelen darin rundum 2 Minuten braten. Mit Fleur de Sel und Pfeffer würzen. Die Zucchinimischung und die Minze dazugeben. Die Zucchinigarnelen mit den Spaghetti mischen.

Grundkurs Garnelen

Bruschetta mit Garnelen
und Fave-Bohnen

Zutaten für 4 Personen
300 g rohe Riesengarnelen (tiefgekühlt; mit Kopf und Schale)
200 g Fave-Bohnenkerne (Saubohnen oder dicke Bohnen; tiefgekühlt)
Meersalz
8 Scheiben Ciabatta · 5 EL Olivenöl
einige Minze- und Basilikumblätter
Fleur de Sel
Piment d'Espelette (siehe Tipp S. 66)
1 Knoblauchzehe
4–6 EL Knoblauch-Mayonnaise (siehe S. 187)
Pfeffer aus der Mühle

Zubereitungszeit: ca. 30 Minuten
Auftauzeit: ca. 6 Stunden oder über Nacht

1 Die Garnelen auftauen lassen (siehe S. 59). Anschließend waschen und mit Küchenpapier trocken tupfen. Die Köpfe abdrehen und die Garnelen bis auf den Schwanzfächer schälen (siehe S. 59). Längs etwas einschneiden, den Darm entfernen (siehe S. 59), kalt abbrausen und trocken tupfen. Den Backofen auf 150°C vorheizen.

2 Die Bohnenkerne in kochendem Salzwasser etwa 3 Minuten garen. Abgießen, kalt abschrecken und abtropfen lassen. Die Bohnen aus den Häutchen drücken.

3 Die Ciabatta-Scheiben auf ein Backblech legen und mit 3 EL Olivenöl beträufeln. Im Ofen auf der mittleren Schiene etwa 5 Minuten rösten und herausnehmen.

4 In der Zwischenzeit das restliche Olivenöl in einer Pfanne erhitzen und die Garnelenwürfel ganz kurz anbraten. Die Kräuterblätter fein schneiden. Die Bohnen und die Kräuter untermischen und kurz mitbraten. Mit Fleur de Sel und Piment d'Espelette würzen.

5 Die Knoblauchzehe halbieren und die gerösteten Brotscheiben damit einreiben. Auf jedem Brot 1/2 EL Knoblauch-Mayonnaise und etwas Garnelen-Bohnen-Mischung verteilen. Mit Pfeffer bestreuen und die Bruschette nach Belieben mit fein geschnittenen Minze- und Basilikumblättern garnieren.

Mein Tipp > Anstelle von Mayonnaise kann man die Brote auch mit Bohnenpüree bestreichen. Dafür kocht man die doppelte Menge Bohnen, zerdrückt die Hälfte davon zu Püree und würzt dieses mit Salz, Pfeffer, etwas Zitronensaft und Olivenöl.

Grundkurs Garnelen

Garnelen mit Peperonata
in Pergament gegart

Zutaten für 4 Personen
12 rohe Riesengarnelen (tiefgekühlt; à ca. 80–100 g, mit Kopf und Schale)
je 2 rote und gelbe Paprikaschoten
2 rote Zwiebeln
2 Knoblauchzehen
4 Stiele Basilikum
4 Zweige Thymian
5 EL Olivenöl
Fleur de Sel
Pfeffer aus der Mühle
2 EL schwarze Oliven
2 EL Kapern
Piment d'Espelette (siehe Tipp S. 66) oder Cayennepfeffer

Zubereitungszeit: ca. 1 1/2 Stunden
Auftauzeit: ca. 6 Stunden oder über Nacht

1 Die Garnelen auftauen lassen (siehe S. 59). Den Backofengrill vorheizen. Die Paprikaschoten längs vierteln, entkernen und waschen. Die Paprikaviertel mit der Hautseite nach oben nebeneinander auf ein mit Alufolie ausgelegtes Backblech legen. Im Ofen auf der mittleren Schiene grillen, bis die Haut dunkel wird und Blasen wirft. Die Paprikaschoten herausnehmen, mit angefeuchtetem Küchenpapier bedecken und etwas abkühlen lassen. Die Paprikaschoten mit einem spitzen Messer häuten und in Streifen schneiden.

2 Die Zwiebeln schälen, halbieren und in Spalten schneiden. Den Knoblauch schälen und in feine Scheiben schneiden. Die Kräuter waschen und trocken schütteln. Von jeweils 2 Basilikum- und Thymianzweigen die Blätter abzupfen, die Basilikumblätter grob schneiden. In einer Pfanne 3 EL Olivenöl erhitzen. Die Zwiebeln, den Knoblauch und die Thymianblättchen darin etwa 5 Minuten andünsten. Die Paprikastreifen untermischen, mit Fleur de Sel und Pfeffer würzen. Das Basilikum, die Oliven und die Kapern untermischen und die Peperonata nochmals abschmecken.

3 Die Köpfe der Garnelen abdrehen, die Garnelen bis auf den Schwanzfächer schälen, waschen und mit Küchenpapier trocken tupfen. Die Garnelen längs etwas einschneiden und den Darm entfernen (siehe S. 59), kalt abbrausen und trocken tupfen. Den Backofen auf 200 °C vorheizen.

4 Vier Bögen Back- oder Pergamentpapier (etwa 40 x 40 cm) auf die Arbeitsfläche legen. Jeweils ein Viertel der Peperonata in die Mitte geben und 3 Garnelen darauflegen. Mit dem übrigen Öl beträufeln und mit Fleur de Sel und Piment d'Espelette würzen. Die restlichen Kräuter klein zupfen, auf den Garnelen verteilen. Das Papier über der Füllung zusammennehmen und mehrmals falten. An den Seiten wie ein Päckchen einschlagen und nach unten umknicken. Die Garnelenpäckchen auf das Backblech legen und auf der 2. Schiene von unten etwa 15 Minuten garen. Die Garnelen mit der Peperonata in den Päckchen servieren.

Mein Tipp > Piment d'Espelette, eines meiner bevorzugten Gewürze für Fisch und Garnelen, ist eine spezielle Chilisorte, die in der Gegend um die Stadt Espelette im Südwesten Frankreichs angebaut wird. Piment d'Espelette wird gemahlen angeboten, ist milder als Cayennepfeffer, aber schärfer und aromatischer als herkömmliches Paprikapulver.

Grundkurs Garnelen

Riesengarnelen
»al pomodoro«

Zutaten für 4 Personen
12 rohe Riesengarnelen
(tiefgekühlt; à ca. 80–100 g,
mit Kopf und Schale)
2 Bund Frühlingszwiebeln
2 Knoblauchzehen
1 getrocknete rote Chilschote
500 g Kirschtomaten
6 EL Olivenöl
Fleur de Sel · Zucker
4 EL passierte Tomaten
(aus dem Tetrapak)
40 g Taggiasca-Oliven
(siehe Tipp S. 103)
je 2 Stiele Estragon und
Basilikum
Pfeffer aus der Mühle

Zubereitungszeit:
ca. 30 Minuten
Auftauzeit: ca. 6 Stunden
oder über Nacht

1 Die Garnelen auftauen lassen (siehe S. 59). Anschließend waschen und mit Küchenpapier trocken tupfen.

2 Die Frühlingszwiebeln putzen, waschen und in Ringe schneiden. Den Knoblauch schälen und in feine Scheiben schneiden. Die Chilischote zerbröseln. Die Kirschtomaten waschen und halbieren.

3 In einer Pfanne 3 EL Öl erhitzen. Die Frühlingszwiebeln, den Knoblauch und Chili darin andünsten. Die Kirschtomaten hinzufügen und etwa 4 Minuten andünsten, dabei ab und zu vorsichtig rühren. Mit Fleur de Sel und 1 Prise Zucker würzen. Nach Belieben 2 TL »Polettos Tomatenzauber« (siehe S. 217) untermischen. Die passierten Tomaten und die Oliven unterrühren. Das Tomatengemüse mit Fleur de Sel abschmecken und beiseitestellen.

4 In einer zweiten Pfanne das restliche Olivenöl erhitzen. Die Garnelen noch einmal mit Küchenpapier trocken tupfen und im heißen Öl bei starker Hitze etwa 3 Minuten auf beiden Seiten braten. Mit Fleur de Sel und Pfeffer würzen.

5 Das Tomatengemüse hinzufügen und aufkochen lassen. Die Kräuter waschen und trocken schütteln, die Blätter abzupfen und fein schneiden. Die Kräuterblätter unter die Garnelen heben und das Tomatengemüse mit Fleur de Sel, Zucker und Pfeffer abschmecken. Dazu passt Baguette.

Mein Tipp > Bei diesem Rezept kommen die Garnelen mit Kopf und Schale ins Gemüse, denn sie geben zusätzlich Aroma. Wenn Sie kleinere Garnelen verwenden, können Sie sie schon vor dem Garen schälen, falls Sie das »Auspulen« bei Tisch nicht mögen. Geschälte kleine Garnelen aber nur etwa 1 Minute braten.

Grundkurs Garnelen

Knuspergarnelen
mit Ingwer und Sojasauce

Zubereitungszeit:
ca. 1 Stunde
Auftauzeit: ca. 6 Stunden
oder über Nacht

Zutaten für 4 Personen
16 rohe Riesengarnelen (tiefgekühlt; à ca. 50 g, mit Kopf und Schale)
16 Blatt Frühlingsrollenteig (tiefgekühlt; à 24 x 24 cm, aus dem Asienladen) · 1 Bund Frühlingszwiebeln · 1 Knoblauchzehe · 20 g Ingwer
1/2 rote Chilischote · 1–2 EL Sojasauce · 1 Eiweiß · ca. 1 l Öl zum Frittieren

1 Die Garnelen auftauen lassen (siehe S. 59). Anschließend waschen und mit Küchenpapier trocken tupfen. Die Köpfe abdrehen und die Garnelen bis auf den Schwanzfächer schälen (siehe S. 59). Längs etwas einschneiden und den Darm entfernen (siehe S. 59), kalt abbrausen und trocken tupfen.

2 Die Frühlingsrollen-Teigblätter in der Verpackung etwa 30 Minuten antauen lassen. Die Frühlingszwiebeln putzen, waschen und in Ringe schneiden. Den Knoblauch und Ingwer schälen und in feine Würfel schneiden. Die Chilischote entkernen, waschen und in feine Würfel schneiden. Die Sojasauce mit den Frühlingszwiebeln, dem Knoblauch, dem Ingwer und den Chiliwürfeln mischen.

3 Das Eiweiß leicht verquirlen. 1 Teigblatt auf die Arbeitsfläche legen, diagonal falten und den Rand mit Eiweiß bestreichen (siehe Step 1). 1 Garnele so auf das Teigdreieck legen, dass der Kopfansatz in der Mitte liegt und das Schwanzende etwas über die Längsseite hinausragt. Etwas Frühlingszwiebelmischung auf die Garnele geben. Die der Längsseite gegenüberliegende Dreieckspitze über der Garnele einschlagen (siehe Step 2), anschließend die Garnele von einer Seite her in das Teigblatt rollen (siehe Step 3). Die eingerollte Garnele auf Backpapier legen und mit Frischhaltefolie bedecken. Die restlichen Garnelen ebenso »verpacken«. Die übrigen Teigblätter wieder einfrieren.

4 Zum Frittieren das Öl in einem großen Topf erhitzen (es hat die richtige Temperatur, wenn an einem eingetauchten Kochlöffelstiel kleine Bläschen aufsteigen). Die Garnelen im heißen Öl portionsweise 2 bis 3 Minuten goldbraun frittieren. Mit dem Schaumlöffel herausheben und auf Küchenpapier abtropfen lassen. Dazu passt Koriander-Mayonnaise (siehe S. 187).

Mein Tipp > Die Garnelen können Sie auch in Wan-Tan-Teigblätter (bekommt man ebenso wie den Frühlingsrollenteig in Asienläden), Yufkateig (aus türkischen Lebensmittelgeschäften) oder Strudelteig (aus dem Kühlregal im Supermarkt) wickeln.
Da diese Teige unter Umständen eine andere Größe als die Frühlingsrollenblätter haben, schneidet man sie entsprechend zu.

FISCH

Fische sind der große Schatz der Ozeane. Ich esse Fisch für mein Leben gern und liebe es, ihn zuzubereiten. Die feine Konsistenz einer Seezunge oder der kräftige Geschmack einer Dorade sind unübertrefflich. Ein weiterer Vorteil: Fisch ist schnell gar, unglaublich gesund und enthält wenig Fett. Deshalb darf man ihn ruhig einmal mit etwas gehaltvollerer Begleitung servieren. In diesem Kapitel stelle ich Ihnen meine Lieblingsfische vor, zu denen neben Dorade und Lachs auch Plattfische wie Seezunge und Scholle gehören. Sie werden im Ganzen gegart, als Filet oder Kotelett gebraten, gefüllt und gegrillt. Dabei kombiniere ich Fisch besonders gern mit mediterranen Zutaten, weil das seine Leichtigkeit noch unterstreicht. Tauchen Sie mit mir ein in die kulinarische Welt der Fische.

Immer ein guter Fang

Fischstäbchen, Fischburger, Fischfilet – für viele ist Fisch einfach nur Fisch. Dabei tummelt sich in unseren Weltmeeren eine ungeheure Vielfalt an Fischarten, und es lohnt sich, einige von ihnen etwas genauer kennenzulernen, wie meine Lieblingsfische Lachs, Dorade und verschiedene Plattfische.

Einfach vielseitig

Lachs ist so vielseitig einsetzbar wie kaum ein anderer Fisch. Sie können ihn braten, grillen, dämpfen, dünsten oder beizen – Lachs schmeckt einfach in jeder Form. Guten Lachs erkennen Sie daran, dass er festes Fleisch mit feiner, gleichmäßiger Marmorierung hat. Optimal gegart ist er, wenn er innen noch leicht glasig aussieht, das Fleisch also nicht faserig auseinanderfällt (das gilt übrigens auch für andere Fische). Die Dorade gehört zu den Brassen, sie hat saftiges weißes Fleisch und eignet sich gut zum Braten oder Grillen. Doraden sind typische Mittelmeerfische, deshalb kombiniere ich sie am liebsten mit mediterranen Kräutern und Gemüsen. Zu der großen Gruppe der Plattfische gehören unter anderem Seezunge und Scholle. Plattfische haben eine helle und eine dunkle Seite. Mit der hellen liegen sie auf dem Meeresboden, die dunkle, auf der die Augen sitzen, zeigt nach oben. Auf jeder Seite befinden sich zwei Filets: Unten sind sie etwas dünner, oben dicker. Plattfische haben zartes, sehr mageres weißes Fleisch.

Frische ist das A und O

Nur ein frischer Fisch ist ein guter Fisch. Bei ganzen Fischen sind glänzende Augen und rote Kiemen ein Indiz für Frische. Bei Teilstücken müssen Sie Ihrem Fischhändler vertrauen. Ein guter Fischhändler hat eher weniger Filets in der Auslage und filetiert bei Bedarf frisch. Gleich nach dem Kauf sollten Sie den Fisch aus der Verpackung nehmen, in eine Schale aus Glas oder Porzellan geben, lose mit Folie abdecken und möglichst bald zubereiten. Tiefgefrorenen Fisch nimmt man zum Auftauen aus der Verpackung und taut ihn langsam und schonend im Kühlschrank auf. Vor dem Braten mit Küchenpapier gut trocken tupfen, damit der Fisch kein Wasser zieht.

Grundkurs Fisch

Fischfilet auf der Haut braten

Zartes Fischfilet unter kross gebratener Haut ist ein Hochgenuss. Damit die Haut auch wirklich knusprig wird und nicht weich bleibt, sollten Sie die Filets so zubereiten:

Die Haut der Fischfilets mit einem sehr scharfen Messer mehrmals leicht einritzen.

Die Fischfilets unmittelbar vor dem Braten mit Küchenpapier nochmals gut trocken tupfen.

Die Filets in heißem Öl auf der Hautseite knusprig braten. Den Fisch wenden, vom Herd nehmen und in der Resthitze gar ziehen lassen.

Fischfilet schonend garen

Ob Dämpfen, Pochieren oder Dünsten – das sanfte Garziehenlassen bei schwacher Hitze sorgt dafür, dass die Fischfilets besonders zart und saftig sind. Außerdem kommen diese Garmethoden ganz ohne oder mit wenig Fett aus.

Dämpfen: Die Fischfilets in einem Dämpfeinsatz über kochendes Wasser oder einen aromatisierten Sud hängen und den Topf verschließen.

Pochieren: Fischfilets in einen kochenden Sud (aus Wein, Fond und Gewürzen) legen. Den Topf vom Herd nehmen und verschließen.

Dünsten: Schalotten- oder Gemüsewürfel in heißem Öl andünsten. Die Fischfilets darauflegen, den Topf oder die Pfanne verschließen.

Vielfalt mit Lachs

Neben dem klassischen Räucherlachs bieten Fischfeinkosthändler auch weitere Sorten an: Stremel-Lachs ist ein in dicke Streifen geschnittenes, heiß geräuchertes Lachsfilet, er ist saftig und mild im Geschmack. Balik-Lachs wird nach russischem Geheimrezept besonders lange geräuchert und zergeht daher auf der Zunge. Der skandinavische Graved Lachs wird durch Beizen in einer Salz-Zucker-Dill-Mischung haltbar gemacht und meist mit einer Honig-Senf-Sauce serviert. Etwas Exklusives ist geräucherter Ikarimi-Lachs. Hierfür werden spezielle Filetstücke dieser festfleischigen Lachssorte über Hickory-Rauch geräuchert.

Fisch und Umwelt

Die Nachfrage nach Seefisch steigt kontinuierlich. Infolgedessen bedroht die Überfischung der Meere leider die Bestände vieler wild lebender Fischarten. Um diese zu schonen und Alternativen zu bieten, ist in letzter Zeit auf dem Gebiet der Fischzucht vieles unternommen worden: So wurden die Haltungsbedingungen verbessert und biologischen Bedürfnissen angepasst. Das Ergebnis: Fische wie Lachs, Dorade oder Steinbutt aus Aquakultur sind in guter Qualität im Handel und erschwinglicher als ihre »wilden« Artgenossen. Fragen Sie Ihren Fischhändler, welche Fische er aus Aquakultur im Angebot hat.

Grundkurs Fisch

Gebeizter Lachs
mit Zitronen-Couscous

Zutaten für 8 Personen
Für den Lachs:
1 Lachsseite (ca. 1 kg Lachsfilet
mit Haut)
100 g grobes Meersalz
je 100 g brauner und
weißer Zucker
2 unbehandelte Zitronen
2 Bund Dill
je 3 EL Fenchelsamen und
Korianderkörner
Für den Couscous:
1 Stängel Zitronengras
1/2 l Hühnerbrühe (siehe S. 98)
1 Kaffir-Limettenblatt
oder 1 Streifen dünn abgeschälte
unbehandelte Zitronenschale
(ca. 7 cm)
400 g Instant-Couscous
1 EL Ras-el-Hanout
(arab. Gewürzmischung)
Fleur de Sel
je 1 Limette, Orange
und Grapefruit
Pfeffer aus der Mühle
5 EL Olivenöl
2–3 EL Zitronen-Olivenöl
3 Stiele Minze

Zubereitungszeit:
ca. 1 Stunde
Marinierzeit: 1 Tag

1 Am Vortag für den Lachs die Lachsseite waschen und mit Küchenpapier trocken tupfen. Das Salz und die beiden Zuckersorten mischen. Die Zitronen waschen, trocken reiben und die Schalen fein abreiben. Den Dill waschen und trocken schütteln, die Spitzen abzupfen und fein schneiden. Die Fenchelsamen und Korianderkörner im Mörser grob zerstoßen. Das Lachsfilet mit der Hautseite nach unten auf einen großen Bogen Frischhaltefolie legen und die Salz-Zucker-Mischung darauf verteilen. Die Fenchelsamen und Korianderkörner sowie die Zitronenschale und den Dill darüberstreuen. Die Lachsseite straff in die Folie wickeln, in eine Schale oder auf eine Platte legen und 24 Stunden im Kühlschrank durchziehen lassen. Zwischendurch einmal wenden.

2 Am nächsten Tag für den Couscous das Zitronengras putzen und waschen. Die Brühe mit dem Limettenblatt und dem Zitronengras aufkochen. Vom Herd nehmen, das Limettenblatt und das Zitronengras wieder entfernen. Die Brühe über den Couscous gießen und den Couscous zugedeckt etwa 20 Minuten quellen lassen. Mit Ras-el-Hanout und Fleur de Sel würzen.

3 Die Zitrusfrüchte so großzügig schälen, dass auch die weiße Haut mit entfernt wird. Die Fruchtfilets zwischen den Trennhäuten herausschneiden (siehe Seite 92) und dabei den Saft auffangen. Die Fruchtreste ausdrücken. Etwa 6 EL aufgefangenen Zitrussaft, Fleur de Sel, Pfeffer und die beiden Ölsorten verquirlen. Die Vinaigrette über den Couscous geben. Die Minze waschen und trocken schütteln, die Blätter abzupfen und fein schneiden. Die Zitrusfilets und die Minze unter den Couscous heben und den Couscous mit Fleur de Sel und Pfeffer abschmecken.

4 Den Couscous mithilfe von Metallringen auf Tellern zu flachen »Törtchen« formen. Die Lachsseite aus der Folie nehmen, die Kräuter und Gewürze mit einem Messer etwas abstreifen. Den Lachs in dünne Scheiben schneiden und auf den Couscous-Törtchen anrichten.

Mein Tipp > Ras-el-Hanout ist eine Gewürzmischung aus der marokkanischen Küche. Sie enthält – je nach Rezeptur – bis zu 20 verschiedene Gewürze: diverse Pfeffersorten, Kurkuma, Zimt, Ingwer, Koriander, Safran, Jasmin, Lavendel und mehr. Man bekommt Ras-el-Hanout in Gewürzläden und in den Spezialitätenabteilungen vieler Supermärkte.

Grundkurs Fisch

Pochiertes Lachsfilet
im Weißwein-Estragon-Sud

Zutaten für 4 Personen
600 g Lachsfilet (ohne Haut)
einige Stiele Estragon
und Petersilie
1 Schalotte
1/2 l Fischfond (aus dem Glas)
je 100 ml Weißwein und
Noilly Prat (franz. Wermut)
1 Lorbeerblatt
1/2 TL schwarze Pfefferkörner
Meersalz · Fleur de Sel

Zubereitungszeit:
ca. 30 Minuten

1 Das Lachsfilet 1 Stunde vor der Zubereitung aus dem Kühlschrank nehmen. Die Kräuter waschen und trocken schütteln. Die Schalotte schälen und in Scheiben schneiden. Den Fond, den Wein, Noilly Prat, das Lorbeerblatt, die Pfefferkörner, etwas Salz, die Schalotte und die Kräuterstiele in einen Topf geben, zum Kochen bringen und etwa 5 Minuten zugedeckt köcheln lassen.

2 Das Lachsfilet waschen und mit Küchenpapier trocken tupfen. Den Topf mit dem Sud vom Herd nehmen, den Lachs hineingeben und 5 bis 10 Minuten gar ziehen lassen (pochieren). Herausheben, auf Tellern anrichten und mit Fleur de Sel bestreuen. Dazu passen neue Kartoffeln mit Sauce béarnaise (siehe S. 187), feiner Blattsalat oder Buttergemüse.

Grundkurs Fisch

Gegrilltes Lachskotelett
mit Salsa verde

Zutaten für 4 Personen
Für die Salsa verde:
2 Sardellenfilets (in Öl eingelegt)
1 unbehandelte Zitrone
1 Knoblauchzehe
je 4 EL Schnittlauchröllchen
und fein geschnittene Petersilie
150 ml Olivenöl
Fleur de Sel · Pfeffer aus der Mühle
Sherryessig
Für den Fisch:
4 Lachskoteletts (à ca. 200 g)
2 EL Olivenöl
Fleur de Sel · Pfeffer aus der Mühle

Zubereitungszeit: ca. 25 Minuten

1 Für die Salsa verde die Sardellenfilets mit Küchenpapier trocken tupfen und fein hacken. Die Zitrone waschen, trocken reiben und die Schale fein abreiben. Die Knoblauchzehe schälen. Die Sardellen, die Zitronenschale, die Kräuter und das Olivenöl verrühren. Die ganze Knoblauchzehe dazugeben und die Salsa beiseitestellen.

2 Für den Fisch die Lachskoteletts waschen und mit Küchenpapier trocken tupfen. Mit dem Olivenöl bestreichen (nach Belieben das Öl vorher mit 1 TL »Polettos Fischfeuer«, siehe S. 217, verrühren).

3 Die Grillpfanne erhitzen und den Lachs darin auf jeder Seite etwa 2 Minuten braten. Die Salsa verde mit Fleur de Sel, Pfeffer und etwas Essig abschmecken.

4 Die Lachskoteletts mit Fleur de Sel und Pfeffer bestreuen, auf Tellern anrichten und mit der Salsa servieren.

Mein Tipp > Für Fans von Gegrilltem und Kurzgebratenem lohnt sich die Anschaffung einer Grillpfanne. Darin bekommen Fisch, Fleisch und Gemüse nicht nur dekorative Grillstreifen, sondern auch einen herzhaften Geschmack. Außerdem garen sie fettarm, weil man nur wenig Fett benötigt. Das beim Braten austretende Fett sammelt sich in den Rillen.

Grundkurs Fisch

Schneller Ofenlachs
mit Blattspinat und geschmolzenen Tomaten

Zutaten für 4 Personen
750 g Tomaten
5 EL Olivenöl
2 EL Butter
Fleur de Sel
Pfeffer aus der Mühle
Zucker
700 g Blattspinat
2 Schalotten
2 Knoblauchzehen
frisch geriebene Muskatnuss
600 g Lachsfilet (ohne Haut)
2 Stiele Estragon
Pfeffer aus der Mühle

Zubereitungszeit:
ca. 45 Minuten

1   Die Stielansätze der Tomaten herausschneiden. Die Tomaten kurz in kochendes Wasser geben, herausheben, kalt abschrecken, häuten, vierteln und entkernen (siehe S. 11). Das Fruchtfleisch in kleine Würfel schneiden. In einer Pfanne 2 EL Olivenöl und die Butter erhitzen, die Tomaten darin bei mittlerer Hitze einige Minuten erhitzen (»schmelzen«, siehe Tipp), dabei ab und zu vorsichtig umrühren. Die Tomaten mit Fleur de Sel, Pfeffer und Zucker würzen.

2   Den Spinat verlesen, waschen und abtropfen lassen. Die Schalotten und den Knoblauch schälen und in feine Würfel schneiden. Das restliche Olivenöl in einem Topf erhitzen und die Schalotten und den Knoblauch darin andünsten. Den Spinat tropfnass dazugeben und bei mittlerer Hitze zusammenfallen lassen. Mit Salz, Pfeffer und Muskatnuss würzen.

3   Den Backofen auf 180 °C vorheizen. Das Lachsfilet waschen, mit Küchenpapier trocken tupfen und quer in dünne Scheiben schneiden. Den Spinat in einer ofenfesten Form verteilen. Den Lachs daraufgeben, mit Fleur de Sel und Pfeffer würzen. Die Tomatenwürfel auf dem Lachs verteilen. Den Estragon waschen, trocken schütteln und die Blätter abzupfen. Die Hälfte des Estragons über die Tomaten streuen. Den Lachs im Ofen auf der mittleren Schiene etwa 10 Minuten garen.

4   Den Ofenlachs in Stücke schneiden und auf Tellern anrichten. Mit Pfeffer und dem übrigen Estragon bestreuen und nach Belieben mit Olivenöl beträufeln.

Mein Tipp > Geschmolzene Tomaten sind Tomatenwürfel, die in heißem Olivenöl und/oder Butter erhitzt wurden, bis das Fruchtfleisch etwas zerfließt, also »schmilzt«. Anschließend verfeinert man sie mit Salz, Pfeffer und frischen Kräutern, wie Basilikum oder Estragon. Sie schmecken als kleine feine Beilage zu Fischfilet, Garnelen oder Steak, man kann sie aber auch ganz einfach mit Gnocchi oder Pasta mischen.

Grundkurs Fisch

Lachs aus dem Ofen
mit Fenchel-Tomaten-Gemüse

Zubereitungszeit:
ca. 1 1/2 Stunden

Zutaten für 8 Personen
1 kleiner Lachs (ca. 3 kg; küchenfertig)
4 große Fenchelknollen · 250 g Kirschtomaten · 5 Knoblauchzehen
7 EL Olivenöl · Meersalz · Pfeffer aus der Mühle
1 unbehandelte Zitrone · je 1/2 Bund Estragon und Kerbel · Fleur de Sel

1   Den Backofen auf 80 °C vorheizen. Den Lachs innen und außen unter fließendem kaltem Wasser gründlich waschen und mit Küchenpapier trocken tupfen. Falls der Fisch zu groß für das Backblech sein sollte, den Kopf und/oder den Schwanz abschneiden.

2   Den Fenchel putzen, waschen und das Grün beiseitelegen. Den Fenchel in dünne Scheiben hobeln. Die Tomaten waschen. Den Knoblauch schälen, 2 Knoblauchzehen in feine Scheiben schneiden. In einer großen Pfanne 5 EL Olivenöl erhitzen und den Fenchel und die Knoblauchscheiben darin etwa 5 Minuten andünsten. Mit Salz und Pfeffer würzen. Den Fenchel auf einem Backblech verteilen. Die Tomaten in die Pfanne geben, kurz andünsten und auf den Fenchel geben.

3   Den Lachs innen und außen mit Salz und Pfeffer würzen. Die Zitrone waschen, trocken reiben und in Scheiben schneiden. Die Kräuter waschen und trocken schütteln. Die Blätter abzupfen und grob schneiden. Die restlichen Knoblauchzehen schälen und leicht andrücken. Die Zitronenscheiben, die Kräuter und den Knoblauch in die Bauchhöhle des Fischs geben. Den Lachs auf das Fenchelgemüse legen und mit dem restlichen Olivenöl beträufeln. Den Lachs auf der 2. Schiene von unten etwa 1 Stunde garen. Nach Belieben mit einem Küchenthermometer die Kerntemperatur des Fischs messen (siehe S. 121). Sie sollte etwa 60 °C betragen, dann ist der Lachs innen noch glasig.

4   Den Lachs herausnehmen und die Haut abziehen (siehe Step 1). Die oberen beiden Filets von der Gräte abheben (siehe Step 2), dann die Gräte entfernen (siehe Step 3) und die unteren beiden Filets aus der Haut lösen. Die Fischfilets mit dem Fenchel-Tomaten-Gemüse auf Tellern anrichten. Die Filets mit Fleur de Sel würzen und nach Belieben mit etwas bestem Olivenöl beträufeln.

Mein Tipp > Vor dem Servieren träufle ich gern noch etwas bestes kalt gepresstes Olivenöl (nativ extra) über die Speisen, das intensiviert die Aromen. Zum sehr starken Anbraten verwende ich einfaches Olivenöl, das ich anschließend mit Küchenpapier aus der Pfanne tupfe oder abgieße. Sanft Anbraten und Dünsten kann man auch mit kalt gepresstem Olivenöl.

Grundkurs Fisch

Lauwarmes Pescaccio
von der Dorade

Zutaten für 4 Personen
400 g grüner Spargel
Salz
200 g Tomaten
250 g Doradenfilets (ohne Haut)
80 ml Verjus
(Saft aus grünen Weintrauben;
ersatzweise mit etwas Zitronensaft abgeschmeckter Traubensaft)
120 g Butter
1 Spritzer alter Aceto balsamico
Fleur de Sel
Pfeffer aus der Mühle

Zubereitungszeit:
ca. 25 Minuten

1 Den Spargel waschen, die Enden abbrechen und entfernen. Den Spargel in kochendem Salzwasser bissfest garen. Herausheben, kalt abschrecken und ab- tropfen lassen. Die Spargelstangen schräg halbieren.

2 Die Stielansätze der Tomaten entfernen. Die Tomaten kurz in kochendes Wasser legen, herausheben und häuten (siehe S.11). Die Tomaten achteln und entkernen.

3 Die Doradenfilets waschen, mit Küchenpapier trocken tupfen und in dünne Scheiben schneiden. Die Filetscheiben zwischen 2 Lagen Frischhaltefolie legen und mit einem breiten Messer dünn ausstreichen.

4 Im Backofen bei 100 °C vier Teller erhitzen. Den Verjus in einen kleinen Topf geben und auf etwa die Hälfte einkochen lassen. Die Butter in einen kleinen Topf geben und bei schwacher Hitze so lange köcheln, bis sie goldbraun ist. 4 EL da- von abnehmen, in eine Pfanne geben und beiseitestellen. Den eingekochten Ver- jus zu der restlichen braunen Butter geben und mit dem Essig abschmecken.

5 Die Teller aus dem Ofen nehmen, jeweils mit etwas Verjus-Butter bestreichen und die Doradenfiletscheiben darauf verteilen. Mit der restlichen Verjus-Butter beträufeln und mit Fleur de Sel und Pfeffer bestreuen.

6 Den Spargel in der Pfanne in der restlichen braunen Butter unter Rühren an- braten. Die Tomatenfilets vorsichtig unterheben und mit Salz und Pfeffer würzen. Den Spargel und die Tomaten auf dem Pescaccio verteilen. Nach Belieben mit Kräuterblättern und essbaren Blüten garnieren. Übrigens: Pescaccio ist ein Car- paccio aus Fisch (ital. pesce).

Mein Tipp > Achten Sie bei Aceto balsamico auf gute Qualität. Hochwertiger Essig kommt aus der italienischen Provinz Reggio Emilia und vor allem aus der Stadt Modena. Er wird nach traditio- nellem Rezept aus Traubenmost hergestellt und darf mehrere Jahre in Holzfässern reifen. Guter Aceto balsamico schmeckt vollmundig, ausgewogen süßsauer, leicht nach Karamell und hat eine fast sirup- artige Konsistenz. Ich verwende Aceto balsamico zum Abrunden und Abschmecken von Saucen – meist genügt schon ein Spritzer.

Grundkurs Fisch

Doradenfilet
mit Kartoffel-Oliven-Stampf

Zutaten für 4 Personen
Für den Kartoffel-Oliven-Stampf:
800 g vorwiegend
festkochende Kartoffeln
Meersalz
60 g grüne Oliven
(z. B. Bella di Cerignola)
3 Stiele Basilikum
8 EL Olivenöl
100 ml Weißwein
1–2 EL Zitronensaft
Fleur de Sel
Pfeffer aus der Mühle
Für den Fisch:
4 Doradenfilets (mit Haut)
2 Zweige Thymian
3 EL Olivenöl
Fleur de Sel

Zubereitungszeit:
ca. 1 Stunde

1 Für den Kartoffel-Oliven-Stampf die Kartoffeln waschen, schälen, in grobe Würfel schneiden und in kochendem Salzwasser etwa 20 Minuten garen. Die Oliven vom Stein und in feine Stifte schneiden (siehe Tipp). Das Basilikum waschen und trocken schütteln, die Blätter abzupfen und fein schneiden.

2 Die Kartoffeln abgießen und etwas ausdampfen lassen. In einer Pfanne 4 EL Olivenöl erhitzen und die Kartoffeln darin rundum kurz anbraten. Den Wein angießen und die Flüssigkeit etwas einköcheln lassen. Die Kartoffeln mit dem Kartoffelstampfer grob zerdrücken. Das übrige Olivenöl, die Oliven und das Basilikum unterheben. Den Kartoffelstampf mit Zitronensaft, Fleur de Sel und Pfeffer würzen.

3 Für den Fisch die Doradenfilets waschen, mit Küchenpapier trocken tupfen und die Haut mit einem scharfen Messer kreuzweise einritzen. Den Thymian waschen und trocken schütteln. In einer Pfanne das Olivenöl erhitzen, die Doradenfilets nochmals trocken tupfen und im heißen Öl auf der Hautseite etwa 2 Minuten knusprig braten (siehe S. 75). Die Filets wenden und die Thymianzweige dazugeben. Die Pfanne vom Herd nehmen und die Filets in der Resthitze (der Pfanne) etwa 2 Minuten gar ziehen lassen.

4 Die Doradenfilets mit Fleur de Sel würzen und mit dem Kartoffel-Oliven-Stampf auf Tellern anrichten. Nach Belieben mit essbaren Blüten und Kräuterblättern garnieren.

Mein Tipp > Bella di Cerignola sind besonders große grüne Oliven mit frischem, mildem Aroma. Sie erhalten sie im Feinkostladen und übers Internet. Bevor ich sie an Gerichte gebe, schneide ich das Fruchtfleisch mit einem scharfen Messer rundum längs vom Stein und anschließend in Stifte oder Würfel.

Grundkurs Fisch

Gefüllte Doraden
auf gegrilltem Gemüse

Zutaten für 4 Personen
400 g Auberginen
400 g Zucchini
6 EL Olivenöl
Meersalz
Pfeffer aus der Mühle
1 junge Knoblauchknolle
4 Doraden (à ca. 350 g; küchenfertig)
1 Bund Zitronenthymian
4 unbehandelte Zitronenscheiben
200 g Kirschtomaten
Fleur de Sel

Zubereitungszeit:
ca. 1 Stunde

1 Die Auberginen und die Zucchini putzen und waschen, mit Küchenpapier trocken tupfen und längs in Scheiben schneiden. Die Gemüsescheiben in einer Schüssel mit 4 EL Olivenöl mischen und mit Salz und Pfeffer würzen. Eine große Grillpfanne erhitzen und die Gemüsescheiben darin portionsweise bissfest garen, dabei zwischendurch wenden. Das Gemüse auf einem Backblech verteilen.

2 Die ganze Knoblauchknolle quer in Scheiben schneiden. Die Doraden unter fließendem kaltem Wasser innen und außen gründlich waschen, mit Küchenpapier trocken tupfen und innen leicht salzen. Den Zitronenthymian waschen und trocken schütteln. Je 2 Zitronenthymianzweige, 1 Zitronenscheibe sowie ein Viertel der Knoblauchscheiben in die Bauchhöhlen der Doraden geben.

3 Den Backofen auf 160 °C vorheizen. Die Kirschtomaten waschen, halbieren und mit den restlichen Zitronenthymianzweigen zwischen dem Grillgemüse verteilen. Die Doraden auf das Gemüse legen, mit dem übrigen Olivenöl beträufeln und im Ofen auf der 2. Schiene von unten etwa 20 Minuten garen. Die Doraden mit dem Gemüse anrichten und mit Fleur de Sel würzen.

Mein Tipp > In meiner Küche spielt Meersalz eine große Rolle. Mit den preiswerteren Sorten würze ich mein Kochwasser für Pasta und Gemüse. Das edle Fleur de Sel kommt kurz vor dem Servieren auf Fisch und Fleisch. Seine zarten Kristalle betonen das feine Aroma der Speisen und zergehen angenehm am Gaumen. Fleur de Sel (übersetzt: Salzblüte), wird aus der dünnen Kristallschicht gewonnen, die sich bei der natürlichen Verdunstung von Salzwasser an der Oberfläche absetzt.

Grundkurs Fisch

Gefüllte Schollenfilets
auf Meerrettich-Risotto

Zutaten für 4 Personen
Für den Risotto:
1 Bund Suppengemüse (ca. 500 g)
1 Schalotte
1 Knoblauchzehe
60 g Butter
200 g Risottoreis
100 ml Weißwein
700 ml heiße Gemüsebrühe
60 g geriebener Parmesan
2 EL Schnittlauchröllchen
2–3 EL Meerrettich (frisch
gerieben oder aus dem Glas)
Fleur de Sel
Pfeffer aus der Mühle
Für den Fisch:
4 Schalotten
2 Zweige Thymian
4 EL Olivenöl
3 EL Butter
Salz
8 Schollenfilets (à ca. 80 g)
8 dünne Scheiben
San-Daniele-Schinken

Zubereitungszeit:
ca. 1 Stunde

1   Für den Risotto das Suppengemüse putzen, waschen bzw. schälen und in feine Würfel schneiden. Die Schalotte und den Knoblauch schälen und in feine Würfel schneiden. In einem Topf die Hälfte der Butter erhitzen und das Suppengemüse, die Schalotten-und die Knoblauchwürfel darin andünsten. Den Reis dazugeben und kurz mitdünsten, bis er glasig ist. Den Wein dazugeben und einkochen lassen. So viel heiße Brühe angießen, dass der Reis gerade bedeckt ist. Die Flüssigkeit bei mittlerer Hitze einkochen lassen, dabei ab und zu umrühren. Diesen Vorgang wiederholen, bis der Reis die gewünschte Konsistenz hat (das dauert etwa 20 Minuten).

2   In der Zwischenzeit für den Fisch die Schalotten schälen und in feine Würfel schneiden. Den Thymian waschen, trocken schütteln und die Blättchen abzupfen. In einer Pfanne 2 EL Olivenöl und 1 EL Butter erhitzen und die Schalotten mit dem Thymian darin bei mittlerer Hitze einige Minuten andünsten. Die Mischung mit wenig Salz würzen, auf einen Teller geben und etwas abkühlen lassen.

3   Die Schollenfilets waschen und mit Küchenpapier trocken tupfen. Die Schalotten-Thymian-Mischung auf 4 Schollenfilets verteilen, jeweils mit einem der restlichen Filets bedecken und mit 1 Scheibe Schinken umwickeln. Die übrige Butter mit dem restlichen Olivenöl in der Pfanne erhitzen und die Schollenfilet-Päckchen darin bei schwacher Hitze auf jeder Seite etwa 5 Minuten braten.

4   Den Topf mit dem Risotto vom Herd nehmen und die restliche Butter, den Parmesan, den Schnittlauch und den Meerrettich unterheben. Den Risotto mit Fleur de Sel und Pfeffer würzen. Die gefüllten Schollenfilets mit dem Meerrettich-Risotto anrichten.

Mein Tipp > »Finkenwerder Art« nennt man in Norddeutschland gebratene Scholle mit knusprigem Speck. Ich habe den beliebten Klassiker etwas abgewandelt – anstelle des Specks setzt italienischer Schinken würzige Akzente. Statt San-Daniele-Schinken können Sie natürlich auch Parmaschinken oder einen anderen luftgetrockneten Schinken verwenden.

Grundkurs Fisch

Gebratene Seezunge
mit Kapern und frittierter Petersilie

Zubereitungszeit:
ca. 20 Minuten

Zutaten für 2 Personen
1 Limette
2 Stiele Petersilie
2 Seezungen (à ca. 400 g; küchenfertig)
6 EL Olivenöl · 100 g Butter
100 ml Öl zum Frittieren
Fleur de Sel
2 TL kleine Kapern

1   Die Limette oben und unten gerade schneiden und auf die Arbeitsfläche stellen. Die Limette so großzügig schälen, dass auch die weiße Haut entfernt ist (siehe Step 1). Mit einem scharfen Messer die Fruchtfilets zwischen den Trennwänden herausschneiden (siehe Step 2).

2   Die Petersilie waschen und trocken schütteln. Die Seezungen unter fließendem kaltem Wasser innen und außen gründlich waschen und mit Küchenpapier trocken tupfen. Zwei Pfannen erhitzen und jeweils 3 EL Olivenöl darin erhitzen. In jede Pfanne 1 Seezunge geben und auf beiden Seiten bei starker Hitze kurz und kräftig anbraten. Das Bratöl abgießen, jeweils 50 g Butter in die Pfannen geben und aufschäumen lassen. Die Seezungen bei schwacher Hitze auf jeder Seite 3 bis 5 Minuten braten, dabei die Oberseite immer wieder mit etwas Butter beträufeln.

3   Das Öl zum Frittieren in einem kleinen Topf erhitzen. Es hat die richtige Temperatur, wenn an einem hineingehaltenen Kochlöffelstiel Bläschen aufsteigen. Die Petersilienstiele ganz kurz hineingeben und knusprig frittieren. Herausheben und auf Küchenpapier abtropfen lassen. Die Seezungen auf Tellern anrichten, mit Fleur de Sel würzen und die Limettenfilets, die Kapern und die frittierte Petersilie darauf verteilen. Dazu passen neue Kartoffeln.

Mein Tipp > Seezungen gehören zu den edelsten Speisefischen. Sie haben festes weißes Fleisch und ein feines Aroma. Seezungen werden oft mit den verwandten Rotzungen (Limandes) verwechselt, die etwas weicheres Fleisch haben. So kann man sie unterscheiden: Seezungen haben eine gerundete Kopfform, die Köpfe von Rotzungen laufen spitz zu. Die gelbliche bis rötliche Haut der Rotzungen ist dunkel marmoriert.

HUHN & ENTE

Ein Huhn im Topf bedeutete einst Wohlstand, und zwar in allen Regionen der Welt. Deshalb gibt es auch so unendlich viele Zubereitungsarten für das Federvieh. Die Inder lieben ihr Tandoori-Huhn, die Franzosen ihren Coq au vin, die Amerikaner ihr Fried Chicken. Das Huhn macht es uns aber auch leicht: Sein zartes Fleisch ist gesund, kalorienarm und schnell zubereitet. Bei ganzem Geflügel locken die knusprige Haut und die Aussicht auf saftige Keulen. Und nicht zu vergessen: die aromatische Hühnerbrühe, mit der sich so manches Stimmungstief aufhellen lässt. Für mich kommt nach dem Huhn gleich die Ente, ihr feinwürziges Fleisch ist einzigartig: Im Ganzen zubereitet, überzeugt sie als festlicher Braten, ihre knusprigen Brustfilets veredeln Vorspeisen und Salate und die Keulen sind ideal für feine Schmorgerichte.

Wie im Schlaraffenland

Huhn und Ente sind kulinarische Köstlichkeiten, das Fleisch ist zart und saftig, die Haut knusprig und würzig. Und sie sind unglaublich vielseitig. Wer Wert auf fettarme Ernährung legt, wählt Brustfilets, wer es gern herzhaft mag, greift zu den Keulen. Und ein ganzes Huhn oder eine Ente aus dem Ofen sind der Inbegriff des Festtagsbratens. Hühner werden, besonders als Tiefkühlware, zu sehr niedrigen Preisen angeboten. Ich bevorzuge aber frische Tiere aus artgerechter, ökologischer Haltung. Hier kann man sicher sein, dass das Geflügel mit bestem Futter aufgezogen wurde – und das schmeckt man.

Poularden, Maishühner und Co.
Hühner mit einem Gewicht bis zu 1200 g nennt man Hähnchen, schwerere Hühner heißen Poularde. Bei Suppenhühnern handelt es sich um ehemalige Legehennen. Man kann daraus zwar eine Brühe kochen, das Fleisch ist aber kein Genuss mehr. Wer außer der Brühe auch das Fleisch benötigt, nimmt am besten eine Poularde. Sehr delikat sind auch Maishühner; weil sie mit Mais gefüttert werden, ist ihr Fleisch gelb.

Enten haben kräftig schmeckendes Fleisch und wiegen meist 2 bis 3 kg. Unter ihrer Haut sitzt reichlich Fett, weshalb diese beim Braten besonders knusprig wird. Flugenten sind muskulöser und etwas magerer als herkömmliche Hausenten. Die bekannteste Flugente ist die Barbarie-Ente, andere Sorten sind die Vierländer Ente oder die Nantaiser Ente. Für Rezepte mit Entenbrust verwende ich Barbarie-Entenbrustfilet, am liebsten von den zarteren und kleineren weiblichen Enten, es wiegt etwa 180 g. Brustfilets der männlichen Enten können durchaus doppelt so schwer sein.

Köstlich, aber leicht verderblich
Frisches Geflügel erkennt man an seiner trockenen Haut und dem angenehmen Geruch. Sie sollten es nach dem Einkauf sofort in den Kühlschrank legen und so bald wie möglich zubereiten, denn es ist leichter verderblich als andere Fleischsorten. Das ist auch der Grund, warum man beim Umgang mit rohem Geflügel unbedingt Wert auf Sauberkeit legen sollte (siehe rechte Seite).

Grundkurs Huhn & Ente

Rohes Geflügel zerlegen

Für manche Gerichte müssen Huhn oder Ente vor der Zubereitung in Teile zerlegt werden. Bitten Sie entweder Ihren Geflügelhändler darum oder machen Sie es mit einem großen stabilen Messer selbst. Das sind die einzelnen Schnitte:

Die Keulen etwas vom Körper abziehen. Das Fleisch um das Gelenk herum bogenförmig einschneiden und das Gelenk durchtrennen.

Neben dem Brustbein auf beiden Seiten einen Längsschnitt machen. Brustfleisch samt Flügel an der Knochenplatte entlang abschneiden.

Die Flügel etwas vom Brustfleisch abziehen und mit dem Messer am Gelenk durchtrennen.

Geflügel in Form binden

Damit ganzes Geflügel im Backofen schön gleichmäßig gart, bringt man es vor dem Braten mit Küchengarn in Form. So wird's gemacht:

Das Geflügel auf den Rücken legen. Den Bürzel abschneiden, die Keulen mit Küchengarn zusammenbinden.

Das Küchengarn kreuzen und auf beiden Seiten über die Flügel nach hinten führen.

Das Geflügel wenden und das Garn um die Flügel wickeln. Das Geflügel nochmals wenden und das Küchengarn oben zusammenbinden.

Hauptsache Hygiene

Rohes Geflügel ist anfällig für Bakterien. Deshalb sollten Sie ein paar einfache Grundregeln befolgen: Nehmen Sie Geflügel nach dem Kauf aus der Verpackung und stellen Sie es lose mit Frischhaltefolie abgedeckt in einer Schale in den Kühlschrank. Tiefgefrorenes Geflügel legen Sie zum Auftauen am besten auf einen umgedrehten Teller, damit es nicht in der Auftauflüssigkeit liegt. Waschen Sie das Geflügel innen und außen gründlich und tupfen es dann mit Küchenpapier trocken. Benutzen Sie bei der Zubereitung von rohem Geflügel ein Arbeitsbrett aus Kunststoff und spülen Sie es nach der Verwendung gründlich ab.

Feine Innereien

Auch aus Entenleber kann man im Nu etwas Köstliches zaubern: Ich liebe Entenleber, wenn sie ganz schlicht mit etwas Rosmarin und Thymian in Olivenöl gebraten wird. Wichtig ist es, die Leber erst nach dem Braten zu salzen, sonst wird sie zäh. Perfekt dazu passen in etwas Zucker karamellisierte Zwiebeln und/oder Apfelspalten. Gern hacke ich die gebratene Leber auch fein, mische sie mit in Butter angedünsteten Schalottenwürfeln und Salbeiblättern und schmecke das Ganze mit Fleur de Sel und Pfeffer ab. Die Lebermischung richte ich dann auf einer Scheibe knusprig geröstetem Bauernbrot an.

Grundkurs Huhn & Ente

Polettos Hühnerbrühe
von der Poularde

Zubereitungszeit:
ca. 2 Stunden

Zutaten für 4 Personen
1 Stange Lauch (ca. 250 g) · 2 Stangen Staudensellerie
1 Möhre (ca. 150 g) · 1 Tomate (ca. 100 g)
je 1 Zweig Rosmarin und Thymian · je 1 Stiel Petersilie und Liebstöckel
1 Gemüsezwiebel (ca. 200 g) · 2 Knoblauchzehen
1 Poularde (ca. 1,8 kg; küchenfertig) · 1 Lorbeerblatt
100 ml trockener Weißwein
1 TL schwarze Pfefferkörner · 3 Pimentkörner
1 Gewürznelke · 50 g grobes Meersalz

1 Den Lauch putzen, längs halbieren, waschen und in Ringe schneiden. Den Sellerie putzen, waschen und in Stücke schneiden. Die Möhre putzen, schälen, längs halbieren oder vierteln und in Stücke schneiden. Die Tomate waschen, vierteln, und entkernen, dabei den Stielansatz entfernen. Die Tomate in Stücke schneiden. Die Kräuter waschen und trocken schütteln. Die ungeschälte Zwiebel halbieren. Die ungeschälten Knoblauchzehen leicht andrücken.

2 Die Poularde unter fließendem kaltem Wasser innen und außen gründlich waschen und mit Küchenpapier trocken tupfen. Das Fett am Schwanzende entfernen. Die Poularde mit den vorbereiteten Zutaten und dem Lorbeerblatt in einen großen Topf geben (siehe Step 1). Den Wein angießen und so viel Wasser hinzufügen, dass die Poularde gut bedeckt ist. Die ganzen Gewürze und das Meersalz dazugeben. Alles zum Kochen bringen und den aufsteigenden Schaum mit dem Schaumlöffel abschöpfen (siehe Step 2).

3 Die Poularde bei schwacher Hitze etwa 1 1/2 Stunden offen köcheln lassen. Dann herausnehmen, die Brühe durch ein Sieb gießen und vollständig abkühlen lassen. Die an der Oberfläche erstarrte Fettschicht entfernen (siehe Step 3).

4 Das Poulardenfleisch von den Knochen lösen und die Haut entfernen. Das Fleisch klein schneiden und in der Brühe servieren. Oder zum Beispiel für Hühnerfrikassee (siehe S. 100) oder Geflügel-Panini (siehe S. 102) verwenden.

Mein Tipp > Fonds sind die ideale Basis für Saucen. Für einen aromatischen Hühnerfond lässt man die Hühnerbrühe einkochen: Je geringer die Flüssigkeitsmenge, desto konzentrierter wird der Geschmack. Fonds und Brühen kann man gut auf Vorrat kochen und einfrieren.

Grundkurs Huhn & Ente

Hühnerfrikassee
mit knusprigen Brotstreifen

Zutaten für 4 Personen
Für das Frikassee:
150 g Möhren
250 g grüner Spargel
Meersalz
150 g Erbsen (tiefgekühlt)
2 Schalotten
1 Knoblauchzehe
2 EL Butter
100 ml Weißwein
50 ml weißer Portwein
400 ml Hühnerbrühe
(siehe S. 98)
ca. 500 g gegartes Hühnerfleisch
2 Eigelb
100 g Sahne
1 EL fein geschnittene
Basilikumblätter
$1/2$ TL abgeriebene unbehandelte
Zitronenschale
Fleur de Sel
Cayennepfeffer
1 TL Zitronensaft
Für die Brotstreifen:
4 dicke Scheiben Ciabatta
3 EL Olivenöl

Zubereitungszeit:
ca. 30 Minuten

1   Die Möhren putzen, schälen und in mundgerechte Stücke schneiden. Den Spargel waschen, im unteren Drittel schälen, die Enden abbrechen und die Stangen ebenfalls in mundgerechte Stücke schneiden. In einem Topf Salzwasser zum Kochen bringen und Möhren, Spargel und Erbsen darin nacheinander bissfest garen. Mit dem Schaumlöffel herausheben, kalt abschrecken und in einem Sieb abtropfen lassen.

2   Die Schalotten und den Knoblauch schälen und in feine Würfel schneiden. Die Butter in einem Topf erhitzen und die Schalotten mit dem Knoblauch darin andünsten. Mit Weißwein und Portwein ablöschen und die Flüssigkeit etwa 2 Minuten einköcheln lassen. Die Brühe dazugießen und zum Kochen bringen. Den Topf von der Herdplatte nehmen.

3   Für die Brotstreifen die Ciabattascheiben längs in breite Streifen schneiden. In einer Pfanne das Olivenöl erhitzen und das Brot darin knusprig braten. Herausnehmen und auf Küchenpapier abtropfen lassen.

4   Das Hühnerfleisch in mundgerechte Stücke schneiden. Die Eigelbe mit der Sahne verquirlen und unter die Brühe rühren. Das Gemüse und das Hühnerfleisch hinzufügen. Das Frikassee erhitzen, aber nicht kochen lassen (siehe Tipp). Das Basilikum und die Zitronenschale untermischen. Mit Fleur de Sel, Cayennepfeffer und Zitronensaft abschmecken. Das Hühnerfrikassee mit den Brotstreifen servieren.

Mein Tipp > Es gibt verschiedene Möglichkeiten, um Saucen und Gemüsecremesuppen zu binden, also sämig zu machen: mit Mehl oder Speisestärke, mit kalter Butter oder Sahne. Für helle Saucen empfiehlt sich als feine Methode das Legieren (Binden) mit Eigelb. Dafür wird das Eigelb unter die heiße Flüssigkeit gerührt. Danach darf die Sauce allerdings nicht mehr kochen: Die Sauce würde sonst ausflocken, weil das Eigelb stockt.

Grundkurs Huhn & Ente

Geflügel-Panino
mit Koriander-Mayonnaise

Zutaten für 4 Personen
250 g gegartes Hähnchenfleisch
6–8 EL Koriander-Mayonnaise
(siehe S. 187)
Fleur de Sel
1 Mini-Romanasalat
4 Tomaten
4 Ciabatta-Brötchen
etwas Olivenöl
Pfeffer aus der Mühle
4 dünne Scheiben geräucherte
Putenbrust

Zubereitungszeit:
ca. 30 Minuten

1 Das Hähnchenfleisch zerzupfen und eventuell noch etwas klein schneiden. In eine Schüssel geben, mit der Koriander-Mayonnaise mischen und mit Fleur de Sel abschmecken.

2 Den Romanasalat putzen, waschen und in der Salatschleuder trocken schleudern. Aus den Salatblättern die Mittelrippe herausschneiden und die Blätter grob zerpflücken. Die Tomaten waschen, trocken tupfen und in Scheiben schneiden, dabei die Stielansätze entfernen.

3 Die Ciabatta-Brötchen quer halbieren. Eine Grillpfanne erhitzen, mit Olivenöl einstreichen und die Brötchen auf den Schnittflächen knusprig braten (oder die Schnittflächen mit Öl beträufeln und unter dem Backofengrill kurz rösten). Die unteren Hälften mit Salatblättern und Tomatenscheiben belegen, mit Fleur de Sel und Pfeffer bestreuen. Je 1 Scheibe Putenbrust und ein Viertel des Hähnchensalats darauf verteilen. Mit den oberen Brötchenhälften bedecken und nach Belieben mit Korianderblättern dekorieren.

Grundkurs Huhn & Ente

Maishähnchen-Involtini
mit Ziegenfrischkäse und Parmaschinken

Zutaten für 4 Personen
1 TL Thymianblättchen
40 g entsteinte Taggiasca-Oliven (siehe Tipp) oder andere entsteinte schwarze Oliven
4 kleine Ziegenfrischkäse (z. B. Picandou; à 30 g)
Meersalz · Pfeffer aus der Mühle
4 Maishähnchenbrustfilets (à ca. 120 g)
ca. 1 kleine Handvoll Rucola
4 Scheiben Parmaschinken
100 g Ciabatta- oder Toastbrot (ohne Rinde)
3 Eier
4 EL Mehl
ca. 1/2 l Öl zum Frittieren

Zubereitungszeit: ca. 20 Minuten

1 Den Thymian und die Oliven fein hacken. Den Ziegenfrischkäse mit einer Gabel zerdrücken und die Oliven und den Thymian unterrühren. Die Käsemischung mit Salz und Pfeffer abschmecken.

2 Die Hähnchenbrustfilets waschen, mit Küchenpapier trocken tupfen und mit dem Plattiereisen oder einer schweren Kasserolle gleichmäßig dünn klopfen (siehe Seite 121). Den Rucola waschen, verlesen und trocken schütteln, grobe Stiele entfernen. Den Ziegenkäse auf den Fleischscheiben verteilen, jeweils etwas Rucola in die Mitte geben. Das Fleisch von der schmalen Seite her aufrollen und jedes Hähnchenröllchen mit 1 Scheibe Schinken umwickeln.

3 Das Brot im Blitzhacker zu Bröseln mahlen. Die Eier verquirlen und mit Salz und Pfeffer würzen. Die Brotbrösel, die Eier und das Mehl jeweils auf einen tiefen Teller geben. Die Fleischröllchen (Involtini) zuerst im Mehl, dann in den Eiern und zum Schluss in den Bröseln wälzen. Den Vorgang wiederholen.

4 Das Öl in einer Pfanne erhitzen und die Involtini darin etwa 10 Minuten rundum knusprig ausbacken. Herausheben und auf Küchenpapier abtropfen lassen. Die Involtini in Scheiben schneiden und nach Belieben mit marinierten Blattsalaten anrichten.

Mein Tipp > Die kleinen, schwarzen Taggiasca-Oliven sind meine Lieblingsoliven, weil sie wunderbar aromatisch sind. In ihrer Heimat Ligurien, im Nordwesten Italiens, presst man auch bestes Öl daraus. Taggiasca-Oliven werden ohne Stein angeboten. Die besten Qualitäten sind in Olivenöl der eigenen Sorte eingelegt.

Grundkurs Huhn & Ente

Chicken Wings
mit Kräutermarinade

Zutaten für 4 Personen
1 Zweig Rosmarin
4 Zweige Thymian
2 Schalotten
2 Knoblauchzehen
4 EL Olivenöl
1 getrocknete rote Chilischote
4 EL Tomatenmark
3 EL Aceto balsamico
Meersalz
2 EL Honig
100 ml Hühnerbrühe
(siehe S. 98)
2 EL Worcestersauce
1 TL Dijonsenf
1,5 kg Chicken Wings
(Hähnchenflügel)

Zubereitungszeit:
ca. 1 Stunde

1   Die Kräuterzweige waschen und trocken schütteln. Die Rosmarinnadeln und Thymianblättchen von den Stielen zupfen und fein hacken. Die Schalotten und den Knoblauch schälen und in feine Würfel schneiden.

2   Das Olivenöl in einem Topf erhitzen. Die Chilischote zerbröseln. Die Schalotten, den Knoblauch und die Chilischote im Olivenöl andünsten. Das Tomatenmark, den Essig, 1/2 TL Salz, den Honig, die Brühe, die Worcestersauce, den Senf und die Kräuter dazugeben und alles aufkochen. Die Sauce offen etwa 5 Minuten sämig einköcheln lassen. Die Sauce in eine Schüssel geben und etwas abkühlen lassen.

3   Den Backofen auf 225°C vorheizen. Die Hähnchenflügel waschen, mit Küchenpapier trocken tupfen und leicht salzen. Ein Backblech mit Alufolie auslegen, die Hähnchenflügel darauf verteilen und im Ofen auf der 2. Schiene von unten etwa 25 Minuten goldbraun braten. Zwischendurch wenden und alle 5 Minuten mit der Sauce bestreichen.

4   Die Hähnchenflügel sofort servieren. Dazu passt ein knackiger Romanasalat mit Parmesanspänen.

Mein Tipp > Natürlich können Sie die Chicken Wings auch über Holzkohle grillen. Damit die Marinade nicht in die Glut tropft, verwendet man am besten Alu-Grillschalen. Die Flügel garen darin außerdem schön saftig. Für mediterranes Aroma lege ich Lorbeer-, Rosmarin- oder Thymianzweige mit in die Grillschalen.

Grundkurs Huhn & Ente

Bauernhuhn in Rotwein
mit Schalotten und Champignons

Zutaten für 4 Personen
500 g Schalotten
2 Zweige Rosmarin
2 Stiele Petersilie
1 Lorbeerblatt
100 g Tiroler Speck
(in dickeren Scheiben)
2 Knoblauchzehen
1 Freiland-Huhn
(ca. 1,8 kg; küchenfertig)
Meersalz
Pfeffer aus der Mühle
3 EL Olivenöl
400 ml trockener Rotwein
100 ml roter Portwein
250 g braune Champignons
2 EL Butter

Zubereitungszeit:
ca. 1 1/2 Stunden

1 Die Schalotten etwa 30 Minuten in kaltes Wasser legen. Anschließend abtropfen lassen und schälen. Die Kräuter waschen, trocken schütteln und samt Lorbeerblatt mit Küchengarn zu einem Sträußchen binden. Den Speck in feine Würfel schneiden. Den Knoblauch schälen und ebenfalls in feine Würfel schneiden.

2 Das Huhn unter fließendem kaltem Wasser innen und außen gründlich waschen, mit Küchenpapier trocken tupfen und in 8 Teile zerlegen (siehe S. 97). Die Hühnchenteile rundum mit Salz und Pfeffer würzen.

3 Das Olivenöl in einem Schmortopf erhitzen. Die Hühnchenteile darin rundum hellbraun anbraten und herausnehmen. Die Schalotten, den Speck und den Knoblauch ins Bratfett geben und kurz darin andünsten. Mit Rotwein und Portwein ablöschen und aufkochen. Die Kräuter und die Hühnchenkeulen dazugeben und zugedeckt bei schwacher Hitze etwa 15 Minuten schmoren. Die Hühnchenbrüste und -flügel dazugeben und alles weitere 15 Minuten garen.

4 Die Champignons putzen und vorsichtig abreiben, falls nötig, waschen und gut trocken tupfen (siehe S. 43). Die Pilze halbieren. Die Butter in einer Pfanne erhitzen und die Pilze darin einige Minuten anbraten. Mit Salz und Pfeffer würzen und zum Hühnchen in den Topf geben. Den Backofengrill vorheizen.

5 Die Hühnchenteile aus der Sauce nehmen, auf ein Backblech geben und unter dem Backofengrill knusprig braten. Die Sauce nach Belieben noch etwas einköcheln lassen. Die Kräuter entfernen und die Sauce mit Salz und Pfeffer würzen. Das Hühnchen mit der Sauce anrichten und mit frischem Weißbrot servieren.

Mein Tipp > Wenn Sie die Hühnchenstücke nach dem Schmoren nicht grillen, können Sie die weiche Haut vor dem Servieren entfernen. Während des Schmorens wird das Fleisch durch die Haut geschützt und bleibt saftig.

Grundkurs Huhn & Ente

Lorbeerhuhn
mit Olivenkartoffeln

Zubereitungszeit:
ca. 1 1/2 Stunden

Zutaten für 4 Personen
1 Freiland-Huhn (ca. 1,6 kg; küchenfertig)
6 EL Olivenöl
Meersalz
1 frischer Lorbeerzweig (ca. 20 Blätter)
1/2 l Hühnerbrühe (siehe S. 98)
750 g kleine festkochende Kartoffeln
8 Knoblauchzehen oder 2 junge Knoblauchknollen
100 g grüne Oliven (entsteint)
Pfeffer aus der Mühle

1 Den Backofen auf 180 °C vorheizen. Das Huhn unter fließendem kaltem Wasser innen und außen gründlich waschen und mit Küchenpapier trocken tupfen. Das Fett am Schwanzansatz entfernen. Das Huhn mit 2 EL Olivenöl bestreichen und innen und außen salzen. Den Lorbeerzweig waschen, trocken schütteln und die Blätter abzupfen. Das Huhn mit 4 Lorbeerblättern füllen und nach Belieben in Form binden (siehe Seite 97). Die Brühe in die Fettpfanne geben und diese in die untere Schiene des Backofens schieben. Das Huhn auf das Ofengitter eine Schiene höher legen und etwa 30 Minuten braten.

2 Die Kartoffeln schälen, waschen und längs halbieren. Die ungeschälten Knoblauchzehen leicht andrücken oder die Knoblauchknollen quer in Scheiben schneiden (siehe Tipp). Die Kartoffelhälften mit dem restlichen Olivenöl, den Knoblauchzehen und den Oliven mischen. Kräftig mit Salz und Pfeffer würzen und auf einem Backblech verteilen. Die restlichen Lorbeerblätter dazwischenlegen.

3 Die Fettpfanne aus dem Ofen nehmen und die aufgefangene Flüssigkeit über die Kartoffeln träufeln. Das Blech mit den Kartoffeln in den Backofen unter das Huhn schieben. Das Huhn etwa 30 Minuten braten, dabei einmal wenden.

4 Das Huhn herausnehmen, die Schenkel und die Flügel abtrennen, die Brustfilets auslösen (siehe Steps) und das Fleisch mit den Kartoffeln anrichten. Nach Belieben können Sie auch das ganze Huhn mit den Kartoffeln servieren und erst bei Tisch tranchieren.

Mein Tipp > Junger Knoblauch, der im Frühsommer auf dem Markt ist, schmeckt milder als ausgereifter Knoblauch. Seine Knollen sind weiß bis rosa und haben einen hellgrünen Stielansatz. Da die Zehen noch nicht ganz ausgebildet und relativ weich sind, schneidet man am besten die ganze Knolle quer in Scheiben.

Grundkurs Huhn & Ente

Entenkeulen auf Balsamico-Linsen
mit braunen Champignons

Zutaten für 4 Personen
Für die Entenkeulen:
2 Schalotten
4 Entenkeulen (à ca. 300 g)
Meersalz
2 EL Olivenöl
2 EL brauner Zucker
Saft von 1 großen Orange (ca. 150 ml)
1–2 EL Aceto balsamico
400 ml Entenfond (aus dem Glas)
1 Zimtstange · 1 Sternanis
je 1 TL schwarze Pfefferkörner und Pimentkörner

Für die Balsamico-Linsen:
150 g Linsen (z. B. Champagner-Linsen)
400 ml Hühnerbrühe (siehe S. 98)
1 Msp. Safranfäden
150 g braune Champignons
1 Schalotte
1 Knoblauchzehe
2 EL Olivenöl
Meersalz · Pfeffer aus der Mühle
1 Spritzer Aceto balsamico

Zubereitungszeit:
ca. 2 Stunden

1 Für die Entenkeulen den Backofen auf 180 °C vorheizen. Die Schalotten schälen und in Würfel schneiden. Die Entenkeulen waschen, mit Küchenpapier trocken tupfen und salzen. Das Olivenöl in einem Bräter erhitzen, die Entenkeulen darin rundum goldbraun anbraten und herausnehmen. Die Schalotten ins Bratfett geben und anbraten. Mit dem braunen Zucker bestreuen und leicht karamellisieren. Mit dem Orangensaft und 1 EL Essig ablöschen. Den Fond angießen und aufkochen. Die Entenkeulen und die Gewürze hineingeben. Die Keulen im Backofen auf der 2. Schiene von unten etwa 45 Minuten braten.

2 Inzwischen für die Balsamico-Linsen die Linsen mit der Brühe und dem Safran in einen Topf geben und aufkochen. Die Linsen zugedeckt bei mittlerer Hitze etwa 25 Minuten garen. Dann in ein Sieb abgießen und abtropfen lassen, dabei die Kochflüssigkeit auffangen.

3 Die Champignons putzen und vorsichtig abreiben, falls nötig, waschen und gut trocken tupfen (siehe S. 43). Die Pilze halbieren. Die Schalotte und den Knoblauch schälen und in feine Würfel schneiden. Das Olivenöl in einer Pfanne erhitzen, die Schalotte und den Knoblauch darin andünsten. Die Pilze dazugeben und einige Minuten braten. Mit Salz und Pfeffer würzen. Die Linsen hinzufügen und nach Belieben noch etwas Kochflüssigkeit unterrühren. Mit Salz, Pfeffer und Essig abschmecken.

4 Die Entenkeulen aus der Sauce nehmen und nach Belieben unter dem Backofengrill knusprig braten. Die Sauce durch ein Sieb gießen und etwas einköcheln lassen. Die Entenkeulen mit dem Linsengemüse anrichten. Dazu passt Weißbrot.

Mein Tipp > Hülsenfrüchte sind ausgesprochen lecker, sehr gesund und noch dazu preiswert. Vor allem Linsen lassen sich vielseitig zubereiten und benötigen relativ kurze Garzeiten. Ich verwende gern die aromatischen olivfarbenen Pantelleria- oder Champagner-Linsen – jeweils nach ihren Anbaugebieten auf der Insel Pantelleria bei Sizilien bzw. der französischen Region Champagne benannt. Man bekommt diese feinen Linsen in Feinkostläden und natürlich übers Internet.

Grundkurs Huhn & Ente

Knusprige Entenbrust
mit karamellisierten Orangen

Zutaten für 4 Personen
Für die Entenbrust:
3 Orangen
2 Barbarie-Entenbrustfilets
(à ca. 300 g)
Meersalz
1 EL Olivenöl
2 EL brauner Zucker
2 EL Orangenlikör
(z. B. Grand Marnier)
Für den Salat:
150 g gemischte Wintersalate
(z. B. Radicchio, Feldsalat,
Eichblattsalat)
50 g Pekannüsse
2 EL Himbeeressig
Salz · Pfeffer aus der Mühle
je 3 EL Olivenöl und Walnussöl
1 TL Thymianblättchen

Zubereitungszeit:
ca. 1 Stunde

1 Für die Entenbrust 1 Orange halbieren und den Saft auspressen. Die restlichen Orangen so dick schälen, dass auch die weiße Haut mit entfernt wird. Die Orangen quer in Scheiben schneiden.

2 Den Backofen auf 180 °C vorheizen. Die Entenbrustfilets waschen und mit Küchenpapier trocken tupfen. Die Haut mit einem scharfen Messer rautenförmig einritzen und die Filets leicht salzen. Das Olivenöl in einer ofenfesten Pfanne erhitzen. Die Entenbrustfilets mit der Hautseite nach unten etwa 5 Minuten knusprig braten. Wenden und in der Pfanne im Ofen auf der 2. Schiene von unten etwa 10 bis 15 Minuten fertig braten. Die Entenbrustfilets herausnehmen und etwa 5 Minuten ruhen lassen.

3 Den Zucker in einem Topf karamellisieren lassen und mit dem Orangenlikör ablöschen. Den Orangensaft dazugießen und sirupartig einkochen lassen. Die Orangenscheiben hineingeben, den Sirup noch einmal aufkochen und den Topf vom Herd nehmen.

4 Für den Salat die Salate putzen, waschen und in der Salatschleuder trocken schleudern. Die Pekannüsse in einer beschichteten Pfanne ohne Fett anrösten, herausnehmen und beiseitestellen. Den Essig mit Salz, Pfeffer und 2 EL Orangensirup verrühren. Beide Ölsorten unterschlagen. Die Salate in eine Schüssel geben und mit dem Dressing und dem Thymian mischen.

5 Die Entenbrustfilets in Scheiben schneiden. Die Orangenscheiben aus dem Sirup heben und abtropfen lassen. Den Salat auf Teller verteilen und die Entenbrustscheiben mit den Orangenscheiben darauf anrichten. Den Salat mit Pekannüssen bestreuen und mit Weißbrot servieren.

Mein Tipp > Sowohl das kräftige Entenfleisch als auch die herben Wintersalate harmonieren perfekt mit fruchtigen Zutaten. Variieren Sie nach Lust und Laune: Geben Sie anstelle von Orangen in Butter angebratene oder karamellisierte Äpfel oder Birnen dazu. Statt Himbeeressig können Sie auch einen hochwertigen Apfel- oder Trockenbeerenauslese-Essig verwenden und statt Walnussöl ein feines Haselnuss- oder Pekannussöl.

Grundkurs Huhn & Ente

Ganze Ente aus dem Ofen
mit Feigensauce und Rotweinzwiebeln

Zutaten für 4 Personen
Für die Ente und die Sauce:
1 Freiland-Ente
(ca. 2,2 kg; küchenfertig)
Meersalz
1 Zweig Rosmarin
1/2 l Hühnerbrühe
(siehe S. 98)
200 ml Entenfond
(aus dem Glas)
4 frische Feigen
3 EL Zucker
3 EL Cassis (Schwarzer
Johannisbeerlikör)
100 ml Rotwein
1–2 TL Speisestärke
Pfeffer aus der Mühle
Für die Rotweinzwiebeln:
400 g rote Zwiebeln
4 EL Zucker
300 ml Rotwein
200 ml Portwein
2 Zweige Thymian
40 g kalte Butter
Meersalz
Pfeffer aus der Mühle

Zubereitungszeit:
ca. 2 1/2 Stunden

1 Für die Ente den Backofen auf 230 °C Ober-/Unterhitze oder 210 °C Umluft vorheizen. Die Ente innen und außen unter fließendem kaltem Wasser gründlich waschen und mit Küchenpapier trocken tupfen. Das Fett am Schwanzansatz entfernen. Die Entenhaut ringsum einstechen und die Ente innen und außen leicht salzen. Den Rosmarin waschen, trocken schütteln und in die Ente geben. Die Keulen und Flügel mit Küchengarn an den Rumpf binden (siehe S. 97).

2 Die Brühe in die Fettpfanne des Backofens geben und diese auf die untere Schiene in den Ofen schieben. Die Ente mit der Brust nach oben auf das Ofengitter legen, über die Fettpfanne schieben und etwa 1 1/2 Stunden goldbraun braten, dabei etwa alle 10 Minuten mit etwas Bratensud übergießen.

3 Für die Rotweinzwiebeln die Zwiebeln schälen, halbieren und in Spalten schneiden. Den Zucker in einem Topf goldbraun karamellisieren. Mit dem Rotwein und dem Portwein ablöschen. Den Thymian waschen und trocken schütteln. Die Thymianzweige und die Zwiebeln in den Topf geben und etwa 10 Minuten mitköcheln lassen. Die Zwiebelmischung in ein Sieb gießen, dabei die Sauce in einem Topf auffangen und fast sirupartig einkochen lassen. Den Thymian entfernen und die Zwiebeln wieder in die Sauce geben. Die kalte Butter unterrühren und die Rotweinzwiebeln mit Salz und Pfeffer würzen.

4 Die knusprig gebratene Ente auf eine ofenfeste Platte legen und in den ausgeschalteten Backofen stellen. Den Bratensud aus der Fettpfanne in einen Topf gießen und mit Küchenpapier entfetten. Den Bratensatz in der Fettpfanne mit dem Entenfond und einem Pinsel lösen und alles zum entfetteten Bratensud geben.

5 Die Feigen waschen und halbieren. Den Zucker in einem kleinen Topf karamellisieren. Die Feigen hineingeben und mit Cassis und Wein ablöschen. Einmal aufkochen und die Feigen herausnehmen. Den Bratenfond dazugeben und alles etwas einköcheln lassen. Die Speisestärke in etwas kaltem Wasser anrühren, unter die Sauce rühren und aufkochen. Die Sauce mit Salz und Pfeffer würzen und die Feigen wieder hineingeben.

6 Die Ente tranchieren und mit der Feigensauce und den Rotweinzwiebeln anrichten. Dazu passen kleine Kartoffelknödel.

Mein Tipp > Feigen stammen ursprünglich aus Kleinasien. Mittlerweile werden sie aber überall im Mittelmeerraum angebaut. Außer im Frühjahr bekommt man sie immer frisch auf dem Markt, entweder aus Europa oder aus Südamerika. Am aromatischsten schmecken Feigen vollreif.

Grundkurs Huhn & Ente

Gewürz-Ententee
mit Entenleber-Crostini

Zutaten für 4 Personen
Für den Ententee:
50 ml Madeira
50 ml Sherry
800 ml Entenfond (siehe Tipp
oder aus dem Glas)
je 1 TL Pimentkörner und
schwarze Pfefferkörner
2 Zimtblüten oder 1/2 Zimtstange
2 Kardamomkapseln
2 Gewürznelken
1/2 Vanilleschote
2 TL Darjeeling-Teeblätter
Meersalz
Für die Crostini:
2 Zweige Thymian
4 EL Olivenöl
4 Scheiben Baguette
4 Scheiben Entenleberpastete
4 schwarze Oliven (entsteint)
Fleur de Sel
Pfeffer aus der Mühle

Zubereitungszeit:
ca. 30 Minuten

1 Für den Ententee den Madeira und den Sherry in einen Topf geben, aufkochen und auf die Hälfte einkochen lassen. Den Fond hinzufügen, die Mischung aufkochen und alles auf etwa 1/2 l einkochen lassen.

2 Die ganzen Gewürze und die Teeblätter in einen Einwegteebeutel füllen und diesen mit Küchengarn verschließen. Das Gewürzsäckchen in den Fond geben und etwa 3 Minuten ziehen lassen. Dann das Gewürzsäckchen herausnehmen und den Tee mit Salz abschmecken.

3 Für die Crostini den Thymian waschen und trocken schütteln. Das Olivenöl in einer Pfanne erhitzen, die Brotscheiben mit den Thymianzweigen hineingeben und knusprig braten. Die Brotscheiben herausnehmen und auf Küchenpapier abtropfen lassen.

4 Die gerösteten Brote mit der Entenleberpastete belegen. Die Oliven halbieren und die Olivenhälften auf die Pastete geben. Die Crostini mit Fleur de Sel und Pfeffer würzen. Nach Belieben mit grobem Meersalz bestreuen und mit Thymianzweigen garnieren.

5 Den Gewürz-Ententee in Tassen oder Schälchen geben und mit den Entenleber-Crostini servieren.

Mein Tipp > Für dieses Rezept verwende ich selbst gemachten Entenfond, den ich wie Hühnerfond zubereite (siehe S. 98). Allerdings nehme ich dafür keine ganze Ente, sondern Entenkarkassen, also die Fleischreste und Knochen, die nach dem Ablösen von Brust und Keulen übrig bleiben. Fragen Sie Ihren Geflügelhändler danach.

RIND & KALB

Ein auf den Punkt gebratenes Steak, ein saftiger Rinder- oder Kalbsbraten, das ist für mich die wahre »Fleischeslust«. In diesem Kapitel möchte ich Ihnen die besten Stücke vom Rind vorstellen – nämlich Roastbeef und Rinderfilet – und Ihnen zeigen, was Sie daraus alles machen können. Sie wollten immer schon wissen, wie Braten und Steaks perfekt gelingen oder wie man eine schnelle Sauce dazu zaubert? Wie man Rindfleisch beizt, pochiert oder roh serviert? Das alles erfahren Sie hier, und natürlich auch alles Wichtige über Kalbfleisch. Es ist zart und mager, man kann daraus herrliche Braten, aber auch ein würziges Gulasch und schnelle Schnitzel zubereiten. Außerdem verrate ich Ihnen meine besten Rezepte mit Hackfleisch: Eine klassische Bolognese, aber auch kleine würzige Frikadellen werden Ihnen bestimmt Lust aufs Nachkochen machen.

So gelingen saftige Braten, Steaks & Co.

Selbst für Anfänger am Herd ist es wirklich nicht schwer, Fleisch so zuzubereiten, dass es saftig und aromatisch bleibt. Wenn Sie ein paar einfache Grundregeln beherzigen, kann garantiert nichts schiefgehen:

• Es beginnt beim Einkauf: Gut abgehangenes Rindfleisch hat eine dunkelrotbraune Farbe und ist von zarten, weißen Fettadern durchzogen bzw. von einer Fettschicht umgeben, die dafür sorgt, dass das Fleisch beim Garen saftig bleibt. Kalbfleisch ist zart- bis kräftig rosa.

• Packen Sie das Fleisch nach dem Kauf aus und legen Sie es zwischen zwei Bögen Küchenpapier auf einen Teller. Das Ganze bedecken Sie dann lose mit Frischhaltefolie.

• Nehmen Sie das Fleisch einige Zeit vor dem Braten aus dem Kühlschrank, damit es Zimmertemperatur annehmen kann – je nach Größe 1/2 bis 3 Stunden vorher.

• Salzen Sie Ihre Steaks vor dem Anbraten nur leicht und würzen Sie mit Pfeffer erst hinterher.

• Verwenden Sie zum Braten eine schwere Pfanne aus Gusseisen oder beschichtetem Aluguss und erhitzen Sie diese, bevor das Öl hineinkommt.

• Verwenden Sie zum Braten ein einfaches, hoch erhitzbares, also kein kalt gepresstes Öl. Nach dem Anbraten entfernen Sie dieses Öl und geben etwas Butter, gutes Öl und Aromen wie Knoblauch, Thymian und Rosmarin zum Fleisch.

• Garen Sie das Fleisch im Ofen bei niedriger Temperatur fertig (siehe auch Garstufen auf der rechten Seite).

• Für größere Braten gilt: Je niedriger die Gartemperatur ist, desto saftiger wird das Fleisch. Trauen Sie sich ruhig einmal an das Garen bei niedrigeren Temperaturen heran (mindestens 80 °C), das Ergebnis wird Sie überzeugen.

• Lassen Sie gebratenes Fleisch nach dem Garen auf jeden Fall noch 5 bis 10 Minuten ruhen, bevor Sie es aufschneiden. So kann sich der Fleischsaft gleichmäßig verteilen, und das Stück bleibt zart.

Grundkurs Rind & Kalb

Filet plattieren

Für Carpaccio, Involtini oder zarte Schnitzel werden Fleischscheiben besonders dünn geklopft. Wer kein Plattiereisen hat, kann genauso gut eine Kasserolle verwenden. So einfach geht's:

Gleichmäßig dünne Scheiben zum Beispiel von Filet oder Rücken abschneiden.

Fleischscheiben zwischen zwei aufgeschnittene Gefrierbeutel oder Frischhaltefolie legen und mit dem Plattiereisen flach klopfen.

Oder alternativ die Fleischscheiben mit dem Boden einer Stielkasserolle flach klopfen.

Steaks braten

Ob rare (blutig), medium rare (leicht blutig), medium (rosa, mitteldurch) oder well done (durch): Jeder mag sein Steak anders. Perfekt wird es mit einem Küchenthermometer (siehe unten). Mit etwas Erfahrung kann man aber auch per Fingerdruck prüfen, welche Garstufe das Fleisch hat.

Garstufe rare, medium rare: Die Kerntemperatur beträgt etwa 52 °C. Das Fleisch hat aber noch einen etwas blutigen Kern, es lässt sich leicht eindrücken.

Garstufe medium: Die Kerntemperatur beträgt 55 bis 60 °C. Das Fleisch ist zartrosa gebraten, es fühlt sich elastisch an, nicht mehr weich.

Garstufe well done: Die Kerntemperatur beträgt 70 bis 85 °C. Das Fleisch ist ganz durchgebraten, es fühlt sich fest an, gibt auf Fingerdruck kaum mehr nach.

Der perfekte Küchenhelfer

Mit einem digitalen Küchenthermometer können Sie genau kontrollieren, ob Ihr Braten oder auch ein größerer Fisch die perfekte Kerntemperatur erreicht hat. Optimal sind Thermometer mit separatem Einstechfühler, den man in die Mitte des Fleischstücks steckt. In meinem Restaurant benutze ich ein Präzisionsthermometer aus dem Elektronikfachhandel. Digitale Fleisch- oder Bratenthermometer aus dem Haushaltswarengeschäft leisten aber selbstverständlich auch gute Dienste.

Grundkurs Rind & Kalb

Grundkurs Rind & Kalb

Heller Kalbsfond

Zutaten für ca. 1 l
1 kg gehackte Kalbsknochen
grobes Meersalz
8 Schalotten
1 Möhre
ca. 100 g Knollensellerie
1 kleine Stange Lauch
1 Tomate
je 2 Stiele Petersilie
und Thymian
2 Knoblauchzehen
1 Lorbeerblatt
1 TL weiße Pfefferkörner
100 ml Weißwein

Zubereitungszeit:
ca. 3 Stunden

1 Die Knochen in reichlich Salzwasser geben und aufkochen. In ein Sieb abgießen, kalt abspülen und abtropfen lassen.

2 Die Schalotten halbieren. Die Möhre und den Sellerie schälen. Den Lauch putzen und waschen. Die Tomate waschen und den Stielansatz entfernen. Die Kräuter waschen und trocken schütteln. Die ungeschälten Knoblauchzehen etwas andrücken. Das Gemüse in Würfel schneiden und mit den Knochen, den Kräutern, dem Knoblauch, Lorbeerblatt, Pfefferkörnern, dem Wein und etwas Salz in einen großen Topf geben. 2 l kaltes Wasser hinzufügen und alles zum Kochen bringen. Den Fond bei schwacher Hitze offen etwa 3 Stunden köcheln lassen, dabei den entstehenden Schaum mit dem Schaumlöffel abschöpfen.

3 Den Fond durch ein feines Sieb gießen und nach Belieben mit Salz würzen.

Mein Tipp > Dieser feinwürzige Fond ist eine ideale Basis für helle Saucen zu Kalb-, Rind- und Schweinefleischgerichten, für Suppen und Risotti.

Dunkler Kalbsfond

Zutaten für ca. 1 l
1 kg klein gehackte
Kalbsknochen
4 Schalotten
1 Möhre
ca. 100 g Knollensellerie
1 kleine Stange Lauch
1 Tomate
2 EL Olivenöl
je 2 Zweige Rosmarin
und Thymian
2 Knoblauchzehen
1 EL Tomatenmark
1 Lorbeerblatt
1 TL weiße Pfefferkörner
200 ml Rotwein
100 ml roter Portwein

Zubereitungszeit:
ca. 5 Stunden

1 Den Backofen auf 180 °C Umluft oder 200° Ober-/Unterhitze vorheizen. Die Knochen kalt abbrausen, auf einem Backblech verteilen und im Ofen unter gelegentlichem Wenden etwa 1 Stunde braun anrösten. Das Blech herausnehmen und die Knochen abkühlen lassen.

2 Die Schalotten, die Möhre und den Sellerie schälen. Den Lauch putzen und waschen. Die Tomate waschen und den Stielansatz entfernen. Das Gemüse in Würfel oder Stücke schneiden. Das Olivenöl in einem großen Topf erhitzen und das Gemüse darin anbraten. Die Kräuter waschen und trocken schütteln. Den Knoblauch schälen, etwas andrücken und mit den Kräutern, dem Tomatenmark, dem Lorbeerblatt und den Pfefferkörnern in den Topf geben und einige Minuten mit anbraten. Die Knochen hinzufügen und kurz mitbraten. Nach und nach mit beiden Weinsorten ablöschen und die Flüssigkeit fast vollständig einkochen lassen.

3 Dann 2 l kaltes Wasser in den Topf geben und aufkochen. Den Fond bei schwacher Hitze offen 3 bis 4 Stunden köcheln lassen, dabei ab und zu den entstehenden Schaum mit dem Schaumlöffel abschöpfen. Den Fond durch ein feines Sieb gießen und nach Belieben mit Salz würzen.

Mein Tipp > Diesen kräftigen Fond verwende ich für würzige dunkle Fleischsaucen. Er passt besonders gut zu Rind, schmeckt aber auch zu herzhaftem Schweinefleisch.

Grundkurs Rind & Kalb

Gepökeltes Rinderfilet
mit Parmesan-Chips

Zutaten für 4 Personen
Für das Fleisch:
500 g Rinderfilet
je 1 EL schwarze, weiße und
grüne Pfefferkörner
je 1 EL Sichuanpfeffer, Wacholderbeeren und Pimentkörner
50 g getrocknete Cranberrys
je 1 EL gehackte Thymian- und
Petersilienblätter sowie
Rosmarinnadeln
150 g Zucker
250 g grobes Meersalz
2 1/2 EL Grappa

Für den Salat und die Chips:
ca. 100 g Blattsalate (z.B. Rucola,
gelber Löwenzahn, Portulak,
Radicchio, Eichblattsalat)
12 braune Champignons
40 g geriebener Parmesan
1 EL Aceto balsamico
1 El Trockenbeerenauslese-Essig
oder Sherryessig
Fleur de Sel
Pfeffer aus der Mühle
2 EL Olivenöl

Zubereitungszeit:
ca. 30 Minuten
Pökelzeit: ca. 24 Stunden

1   Am Vortag für das Fleisch das Rinderfilet waschen und mit Küchenpapier trocken tupfen. Die Gewürze im Mörser fein zerstoßen. Die Cranberrys grob hacken.

2   Die gehackten Kräuter, die Gewürze und die Cranberrys auf einer großen Platte mischen und das Rinderfilet darin wälzen, bis es von allen Seiten bedeckt ist. Den Zucker und das Salz mit dem Grappa mischen und auf einem großen Bogen Frischhaltefolie verteilen. Das Fleisch darauflegen und mithilfe der Folie mit der Salz-Zucker-Masse umhüllen, die Masse ringsum leicht andrücken. Das Fleisch in die Frischhaltefolie wickeln, dann straff in Alufolie einrollen. Das Fleisch in eine Schale legen und etwa 24 Stunden kühl stellen.

3   Am nächsten Tag den Backofen auf 220 °C vorheizen. Ein Backblech mit Backpapier auslegen. Das Fleisch aus den Folien wickeln, die Gewürze abstreifen und das Fleisch mit Küchenpapier trocken tupfen.

4   Für den Salat die Salat putzen, waschen und in der Salatschleuder trocken schleudern. Die Champignons putzen und die Stiele abschneiden (siehe S. 43). Für die Chips den Parmesan gleichmäßig auf das Backblech streuen und im Ofen auf der mittleren Schiene schmelzen lassen (siehe S. 169). Das Blech herausnehmen, das Papier vom Blech ziehen und den Parmesan abkühlen lassen.

5   Das Rinderfilet in dünne Scheiben schneiden. Beide Essigsorten, etwas Fleur de Sel, Pfeffer und das Olivenöl verquirlen. Die Salate in eine Schüssel geben und mit der Vinaigrette mischen. Die Blattsalate auf Tellern anrichten und mit den Filetscheiben belegen. Die Champignons hobeln und darüber verteilen. Den Parmesan in Stücke brechen und das Rinderfilet mit den Parmesan-Chips garnieren.

Mein Tipp > Wenn Sie Gewürzkörner grob zerdrücken möchten, können Sie dafür ein Nudelholz benutzen. Um Gewürze fein zu zerkleinern, braucht man jedoch einen Mörser. Er sollte groß genug sein, damit die Gewürze beim Zerstoßen nicht herausfallen, und so schwer, dass er nicht wegrutscht.

Grundkurs Rind & Kalb

Tatar vom Rinderfilet
mit Kapern und Sardellen

Zutaten für 4 Personen
400 g Rinderfilet
2 Schalotten (40 g)
2 Sardellenfilets (in Öl eingelegt)
1 EL Kapern (in Meersalz eingelegt)
1 Bund Schnittlauch
2 Eigelb · 8 EL Olivenöl
Fleur de Sel · Pfeffer aus der Mühle
Cayennepfeffer oder Tabascosauce
Worcestersauce
ca. ½ EL mittelscharfer Senf

Zubereitungszeit:
ca. 20 Minuten

1 Das Filet mit Küchenpapier trocken tupfen und mit einem sehr scharfen Messer in möglichst feine Würfel schneiden. Die Schalotten schälen und ebenfalls in sehr feine Würfel schneiden. Die Sardellenfilets auf Küchenpapier abtropfen lassen und ebenso wie die Kapern fein hacken. Den Schnittlauch waschen, trocken schütteln und in feine Röllchen schneiden.

2 Das Fleisch, die Schalotten, die Sardellen, die Kapern, die Hälfte des Schnittlauchs, die Eigelbe und das Olivenöl in eine Schüssel geben und gründlich mischen. Mit Fleur de Sel, Pfeffer, Cayennepfeffer, Worcestersauce und Senf würzen. Das Tatar mit frischem Bauernbrot servieren.

Variation:

Ganz edel ist ein Tatar aus Kalbsfilet, das mit Salz, Pfeffer und 1 Spritzer Zitronensaft gewürzt ist. Vor dem Servieren mit Olivenöl beträufeln und mit gehobeltem Parmesan bestreuen.

Grundkurs Rind & Kalb

Rinder-Carpaccio alla Cipriani
mit Senf-Mayonnaise

Zutaten für 4 Personen
300 g Rinderfilet
4 EL selbst gemachte Mayonnaise
(siehe S. 187)
4 TL körniger Senf
Worcestersauce
1–2 TL Zitronensaft
1 unbehandelte Zitrone
Fleur de Sel
Pfeffer aus der Mühle

Zubereitungszeit: ca. 20 Minuten

1 Das Rinderfilet mit Küchenpapier trocken tupfen und in hauchdünne Scheiben schneiden. Die Rinderfiletscheiben zwischen zwei Lagen Frischhaltefolie legen und mit einem Plattiereisen oder einer schweren Stielkasserolle flach klopfen.

2 Die Mayonnaise mit dem Senf, einigen Spritzern Worcestersauce und etwas Zitronensaft in einer Schüssel zu einer Sauce verrühren. Die Zitrone waschen und längs in 8 Spalten schneiden.

3 Etwas Sauce auf vier Teller verteilen. Die Filetscheiben darauflegen und die restliche Sauce dekorativ darübergeben (siehe Tipp). Das Carpaccio mit Fleur de Sel und Pfeffer würzen und mit Zitronenspalten sowie nach Belieben mit Kräuterblättchen garnieren.

Mein Tipp > Mit einer kleinen Kunststoffflasche aus dem Baumarkt (Malerbedarf) lassen sich Saucen und Dressings in feinen Linien und Tupfen gleichmäßig und dekorativ verteilen.

Grundkurs Rind & Kalb

Pochiertes Rinderfilet
mit Schnittlauch-Vinaigrette

Zutaten für 4 Personen
600 g Rinderfilet
600 g junges Gemüse der Saison
(z.B. grüner Spargel,
Möhren und Zuckerschoten)
4 Frühlingszwiebeln
2 EL Sherryessig
1 TL Weißwein- oder Estragonsenf
Salz
Pfeffer aus der Mühle
8 EL Olivenöl
3 EL Schnittlauchröllchen
800 ml Kalbsfond (siehe S.123
oder aus dem Glas)
Fleur de Sel

Zubereitungszeit:
ca. 1 Stunde

1 Das Rinderfilet 1 bis 2 Stunden vor der Zubereitung aus dem Kühlschrank nehmen. Das Gemüse putzen, waschen bzw. schälen und in mundgerechte Stücke schneiden. Die Frühlingszwiebeln putzen, waschen und in Stücke schneiden.

2 Für die Vinaigrette den Essig und den Senf in einer kleinen Schüssel mit Salz, Pfeffer und dem Olivenöl verrühren. Die Schnittlauchröllchen unterrühren.

3 Den Fond in einem Topf zum Kochen bringen und mit Salz würzen. Den Backofen auf 80°C vorheizen und eine Servierplatte hineinstellen. Die Gemüse nacheinander im kochenden Fond bissfest garen, mit dem Schaumlöffel herausheben, abtropfen lassen und auf die vorgewärmte Servierplatte geben. Die Gemüse im Ofen warm halten.

4 Das Rinderfilet mit Küchenpapier trocken tupfen und in etwa 1 cm dicke Scheiben schneiden. Die Fleischscheiben in den kochenden Fond geben und zugedeckt etwa 1 Minute ziehen lassen. Die Filetscheiben mit dem Schaumlöffel aus dem Fond heben und mit dem Gemüse anrichten. Das Gemüse und das Filet mit der Schnittlauch-Vinaigrette beträufeln und mit Fleur de Sel bestreuen.

Mein Tipp > Den aromatischen Fond, in dem Filet und Gemüse gegart wurden, sollten Sie unbedingt weiterverwenden. Sie können ihn entweder durch ein Sieb gießen, mit etwas Schnittlauch, Salz und Pfeffer abschmecken und gleich als Sauce zum Rinderfilet servieren. Oder Sie bewahren ihn im Kühlschrank auf und bereiten damit eine Suppe oder einen Risotto zu.

Grundkurs Rind & Kalb

Filetsteaks
mit Rotwein-Pfeffer-Sauce

Zutaten für 4 Personen
Für die Sauce:
400 ml Rinderfond (aus dem Glas)
2 rote Zwiebeln
1 TL gemischte Pfefferkörner (z. B. Langer Pfeffer, Sichuanpfeffer, weißer Pfeffer)
1 Zweig Rosmarin
100 ml trockener Rotwein
50 ml roter Portwein
60 g kalte Butter
2 TL grüne Pfefferkörner (aus dem Glas)
Fleur de Sel
Pfeffer aus der Mühle
Für das Fleisch:
800 g Rinderfilet
Salz
2 EL Olivenöl

Zubereitungszeit:
ca. 45 Minuten

1 Für die Sauce den Fond in einen Topf geben und auf etwa die Hälfte einkochen lassen. Die Zwiebeln schälen und in Spalten schneiden. Die gemischten Pfefferkörner im Mörser oder mit dem Nudelholz grob zerstoßen. Den Rosmarin waschen und trocken schütteln.

2 Für das Fleisch den Backofen auf 120 °C vorheizen und eine ofenfeste Form auf das Ofengitter auf der mittleren Schiene stellen. Das Rinderfilet in 4 Scheiben (Filetsteaks) schneiden. Die Filetsteaks trocken tupfen und leicht mit Salz würzen. Eine große Pfanne erhitzen und das Olivenöl hineingeben. Die Filetsteaks im heißen Öl auf jeder Seite etwa 2 Minuten anbraten. Herausnehmen, nebeneinander in die ofenfeste Form legen und im Ofen 10 bis 15 Minuten gar ziehen lassen.

3 Die Zwiebelspalten in der Pfanne im Bratensatz der Steaks kurz anbraten. Mit Rot- und Portwein ablöschen und den Rosmarin sowie die Pfeffermischung dazugeben. Die Flüssigkeit auf etwa die Hälfte einköcheln lassen. Den Fond angießen und die Sauce weitere 10 Minuten einköcheln lassen. Die Sauce durch ein feines Sieb streichen, wieder in den Topf geben und erhitzen. Die kalte Butter in Stückchen schneiden und unter die Sauce rühren. Den grünen Pfeffer dazugeben und die Sauce mit Fleur de Sel und Pfeffer würzen.

4 Die Steaks mit der Sauce anrichten. Nach Belieben mit grünen Pfefferkörnern und Zwiebeln aus der Sauce garnieren und mit gebratenen Kartoffel- und Zwiebelspalten servieren.

Variation:

Für eine Cognac-Sauce mit grünem Pfeffer 2 EL eingelegte grüne Pfefferkörner im Bratensatz andünsten, mit 50 ml Cognac ablöschen, 400 ml Rinderfond angießen und alles etwa 10 Minuten einköcheln lassen. 2 bis 3 EL Crème fraîche unterrühren und die Sauce mit Fleur de Sel und Pfeffer abschmecken.

Mein Tipp > Gewürz- und Feinkostgeschäfte bieten oft zehn und mehr Pfeffersorten an. Zum Beispiel scharfen, holzig schmeckenden Langen Pfeffer, würzigen Kubebenpfeffer, fruchtigen grünen Pfeffer oder prickelnden Sichuanpfeffer (botanisch gesehen ist er gar kein Pfeffer). Sie können die Sorten einzeln verwenden, interessant sind aber auch Mischungen daraus. Am besten entfaltet Pfeffer sein Aroma frisch gemahlen oder gemörsert.

Grundkurs Rind & Kalb

Roastbeef
mit grüner Olivenkruste

Zubereitungszeit:
ca. 3 Stunden

Zutaten für 4 Personen
800 g Roastbeef (ohne Fettdeckel) · Salz · 5 EL Olivenöl
Pfeffer aus der Mühle · 1 Zweig Rosmarin · einige Zweige Thymian
3 Knoblauchzehen · 400 g Kirschtomaten · 1 TL Dijonsenf · Fleur de Sel
Für die Olivenkruste: 100 g Toastbrot (ohne Rinde)
5 Stiele Petersilie · 3 Zweige Thymian · 4 EL grüne Oliven (entsteint)
100 g weiche Butter · Salz · Pfeffer aus der Mühle

1 Das Roastbeef einige Stunden vor der Zubereitung aus dem Kühlschrank nehmen. Mit Küchenpapier trocken tupfen und mit Salz würzen. In einer Pfanne 2 EL Öilvenöl erhitzen und das Roastbeef darin rundum etwa 8 Minuten anbraten. Den Backofen auf 80 °C vorheizen. Das Fleisch in einen Bräter legen, mit dem restlichen Olivenöl beträufeln und mit Pfeffer bestreuen. Die Kräuter waschen, trocken schütteln und neben dem Fleisch verteilen. Die Knoblauchzehen schälen, leicht andrücken und dazugeben. Das Roastbeef im Ofen auf der mittleren Schiene 1 1/2 bis 2 Stunden garen. 30 Minuten vor Ende der Garzeit die Tomaten waschen und in den Bräter geben. Mit Salz und Pfeffer würzen und mitgaren.

2 Für die Olivenkruste das Brot zerzupfen. Die Kräuter waschen, trocken schütteln und die Blättchen abzupfen. Die Oliven in feine Würfel schneiden. Das Brot und die Kräuter im Blitzhacker fein zerkleinern. Die Butter mit dem elektrischen Handrührgerät hellcremig rühren. Die Kräuter-Brot-Brösel und die Oliven untermischen, die Masse mit Salz und Pfeffer würzen und etwa 20 Minuten in den Kühlschrank stellen. Zwei Gefrierbeutel seitlich aufschneiden, sodass zwei größere Stücke Folien entstehen. Eine Folie auslegen und die Buttermasse daraufgeben. Die zweite Folie darauflegen und die Buttermasse mit dem Nudelholz 1/2 cm dick (etwa 10 x 20 cm groß) ausrollen (siehe Step 1). Die Butterplatte im Kühlschrank fest werden lassen.

3 Mit dem Fleischthermometer (siehe S. 121) die Kerntemperatur des Fleischs messen (perfekt sind 55 °C). Das Fleisch aus dem Bräter nehmen und auf eine ofenfeste Platte legen. Den Backofengrill vorheizen. Die Butterplatte auf die Arbeitsfläche legen, die obere Folie abziehen und die Platte auf die Größe des Roastbeefs zuschneiden. Das Fleisch auf der Oberseite mit Senf bestreichen. Die Butterplatte auf das Fleisch stürzen, etwas andrücken und die Folie abziehen (siehe Step 2). Die Olivenkruste unter dem Backofengrill auf der mittleren Schiene goldbraun backen.

4 Das Roastbeef herausnehmen und einige Minuten ruhen lassen. Dann in Scheiben schneiden, mit Fleur de Sel bestreuen und mit den Tomaten anrichten. Dazu passen Rosmarinkartoffeln.

Grundkurs Rind & Kalb

Tagliata vom Rind
mit Rucola und Parmesan

Zutaten für 4 Personen
12 sehr dünne Scheiben Roastbeef
(mit der Aufschnittmaschine
geschnitten)
100 g Rucola
4 Stiele Basilikum
1 EL Zitronensaft
ca. 5 TL Aceto balsamico
Salz · Pfeffer aus der Mühle
9 EL Olivenöl
Fleur de Sel
40 g Parmesan

Zubereitungszeit:
ca. 30 Minuten

1 Das Roastbeef 1 Stunde vor der Zubereitung aus dem Kühlschrank nehmen. Das Fleisch mit Küchenpapier trocken tupfen. Den Rucola verlesen, waschen und trocken schütteln, grobe Stiele entfernen. Das Basilikum waschen, trocken schütteln und die Blätter abzupfen.

2 Den Zitronensaft, etwa 1 TL Essig, Salz, Pfeffer und 3 EL Olivenöl verrühren. Den Rucola und die Basilikumblätter in eine Schüssel geben und mit der Vinaigrette mischen. Den Salat auf vier Teller verteilen.

3 Eine große Pfanne heiß werden lassen und etwas Olivenöl hineingeben. Das Fleisch im heißen Öl bei starker Hitze portionsweise etwa 1/2 Minute kräftig anbraten und auf dem Rucola anrichten. Jede Portion mit 1 TL Essig und 1 EL Olivenöl beträufeln sowie mit Fleur de Sel und Pfeffer würzen. Den Parmesan mit dem Sparschäler darüberhobeln (siehe S. 169).

Grundkurs Rind & Kalb

Zwiebelrostbraten auf Italienisch
mit Balsamico-Zwiebeln

Zutaten für 4 Personen
Für das Fleisch:
4 Rinderrückensteaks (Rumpsteaks; ca. 2 cm dick)
Salz · 3 EL Olivenöl
Fleur de Sel · Pfeffer aus der Mühle
Für die Sauce:
ca. 400 g kleine Antipasti-Zwiebeln
(in Aceto balsamico eingelegt)
200 ml Rinderfond (aus dem Glas)
5 Zweige Thymian
2 TL brauner Zucker
4 EL kalte Butter
1–2 TL körniger Dijonsenf
Salz · Pfeffer aus der Mühle

Zubereitungszeit: ca. 30 Minuten

1 Die Steaks etwa 1 Stunde vor der Zubereitung aus dem Kühlschrank nehmen. Den Backofen auf 120 °C vorheizen und eine ofenfeste Form auf das Ofengitter auf der mittleren Schiene stellen. Die Steaks mit Küchenpapier trocken tupfen und den Fettrand an mehreren Stellen einschneiden (damit sich das Fleisch beim Braten nicht wölbt). Mit wenig Salz würzen. Eine große Pfanne heiß werden lassen, das Olivenöl hineingeben und die Steaks darin auf jeder Seite etwa 2 Minuten anbraten. Die Steaks in die vorgewärmte Form legen und im Ofen etwa 10 Minuten gar ziehen lassen. Die Pfanne mit dem Bratensatz beiseitestellen.

2 Inzwischen für die Sauce die Zwiebeln abtropfen lassen, dabei die Einlegeflüssigkeit auffangen. 100 ml Einlegeflüssigkeit mit dem Fond in einen Topf geben und auf etwa die Hälfte einköcheln lassen. Den Thymian waschen und trocken schütteln.

3 Den Bratensatz von den Steaks wieder erhitzen und die Zwiebeln mit dem Thymian darin kurz anbraten. Mit dem Zucker bestreuen und leicht karamellisieren. Mit der Fondmischung ablöschen und etwa 5 Minuten köcheln lassen. Die kalte Butter in Stückchen und den Senf unterrühren. Die Sauce mit Salz und Pfeffer würzen.

4 Die Steaks mit Fleur de Sel sowie grob gemahlenem Pfeffer bestreuen und mit den Balsamico-Zwiebeln anrichten. Dazu passt Rosmarinpolenta.

Mein Tipp > Die feine Balsamico-Zwiebel-Sauce passt auch sehr gut zu anderem kurz gebratenem Fleisch, etwa zu Entenbrust und Schweinefilet. Auch Kalbsleber lässt sich hervorragend damit ergänzen; braten Sie dann noch ein paar Apfelwürfel zusammen mit den Zwiebeln an.

Grundkurs Rind & Kalb

Kalbskarree
in Milch gegart

Zutaten für 4 Personen
1,2 kg Kalbsrücken
(Kalbskarree; mit Knochen)
2 Schalotten
1 Möhre
1 Stange Staudensellerie
2 Zweige Rosmarin
1 Zweig Salbei
3 Knoblauchzehen
2 EL Butter
2 EL Olivenöl
Salz · Pfeffer aus der Mühle
100 ml Weißwein
800 ml Milch
200 g Sahne

Zubereitungszeit:
ca. 1 1/2 Stunden

1   Den Kalbsrücken waschen und mit Küchenpapier trocken tupfen. Die Schalotten schälen und in feine Würfel schneiden. Die Möhre schälen, den Sellerie putzen und waschen. Beides in Würfel schneiden. Die Kräuter waschen, trocken schütteln und die Salbeiblätter abzupfen. Die ungeschälten Knoblauchzehen leicht andrücken. Den Backofen auf 160 °C vorheizen.

2   Die Butter und das Olivenöl in einem Bräter erhitzen. Das Fleisch salzen und darin rundum goldbraun anbraten. Den Rosmarinzweig, die Salbeiblätter und den Knoblauch dazugeben und kurz mitbraten. Das Fleisch mit Pfeffer würzen und aus dem Bräter nehmen.

3   Die Schalotten, die Möhre und den Staudensellerie in den Bräter geben und einige Minuten anbraten. Mit Salz und Pfeffer würzen. Mit dem Wein ablöschen und die Flüssigkeit etwas einköcheln lassen. Die Milch und die Sahne angießen, aufkochen und das Fleisch wieder in den Bräter geben. Das Kalbskarree zugedeckt im Ofen auf der 2. Schiene von unten etwa 30 Minuten garen. Den Deckel abnehmen und das Karree weitere 20 Minuten garen, dabei ab und zu mit etwas Milchsud übergießen. Mit dem Fleischthermometer (siehe S. 121) die Kerntemperatur des Fleischs messen (perfekt sind 55 °C) und das Kalbskarree, falls nötig, noch einige Minuten weitergaren.

4   Das Kalbskarree aus dem Bräter nehmen und einige Minuten im ausgeschalteten Ofen ruhen lassen. Den Milchsud durch ein Sieb in einen Topf gießen und leicht sämig einköcheln lassen. Die Sauce mit Salz und Pfeffer abschmecken. Das Kalbskarree zwischen den Knochen in Scheiben schneiden und mit der Sauce servieren. Nach Belieben mit Salbeigemüse anrichten.

Mein Tipp > Dass Fleisch in Milch gegart wird, ist ungewöhnlich, hat in der Toskana jedoch Tradition. Vor allem Geflügel wird dort in Milch gegart. Das Fleisch gelingt so besonders zart und bleibt saftig. Sollte die Sauce übrigens leicht ausflocken, ist nichts schiefgegangen, sie schmeckt trotzdem hervorragend. Nach Belieben können Sie sie mit dem Stabmixer etwas glatt schlagen.

Grundkurs Rind & Kalb

Kalbs-Carpaccio
mit Gorgonzola und Pekannüssen

Zutaten für 4 Personen
20 g Pekannüsse
1 EL Aceto balsamico
1 EL Honig
Salz · Pfeffer aus der Mühle
3 EL Olivenöl
2 EL Pekannussöl oder Walnussöl
2 Handvoll Babysalat- und/oder Kräuterblätter
250 g Kalbsrücken (ohne Knochen) oder Kalbsfilet
Fleur de Sel
60 g Gorgonzola dolce

Zubereitungszeit:
ca. 30 Minuten

1 Die Nüsse in einer Pfanne ohne Fett anrösten, bis sie duften. Auf einen Teller geben und abkühlen lassen.

2 Für die Marinade Essig, Honig, Salz und Pfeffer verrühren und die beiden Ölsorten unterschlagen. Die Salat- und/oder Kräuterblätter verlesen, waschen und in der Salatschleuder trocken schleudern.

3 Das Kalbfleisch mit Küchenpapier gut trocken tupfen und in sehr dünne Scheiben schneiden. Die Fleischscheiben zwischen zwei Lagen Frischhaltefolie mit einem Plattiereisen oder einer schweren Stielkasserolle flach klopfen (siehe S. 121).

4 Vier Teller dünn mit Marinade bestreichen und die Kalbfleischscheiben darauf verteilen. Das Fleisch ebenfalls mit Marinade bestreichen und mit Fleur de Sel und Pfeffer würzen. Die Salat- und/oder Kräuterblätter in eine Schüssel geben, mit der restlichen Marinade mischen und auf dem Carpaccio anrichten.

5 Den Gorgonzola in kleine Stücke zupfen und auf dem Carpaccio verteilen. Die gerösteten Pekannüsse nach Belieben grob zerdrücken und darüberstreuen. Das Carpaccio mit frischem Weißbrot servieren.

Mein Tipp > Pekannüsse sind die amerikanischen Verwandten der Walnüsse. Die Kerne sind glatter und etwas länglicher, der Geschmack nicht ganz so herb. Ich verwende Pekannüsse sehr gern für Salate und Carpaccio. Aber auch in nussigen Desserts oder Gebäck sind sie köstlich. Wenn Sie keine Pekannüsse bekommen, können Sie sie einfach durch Walnüsse ersetzen.

Grundkurs Rind & Kalb

Kalbsschnitzel
mit Erbsengemüse und Limettenbutter

Zutaten für 4 Personen
200 g Zuckerschoten
150 g kleine junge Möhren
Salz
200 g Erbsen (tiefgekühlt)
4 dünne Kalbsschnitzel (à 120 g;
aus Rücken oder Keule)
2 EL Olivenöl
Fleur de Sel
Pfeffer aus der Mühle
100 g Butter
1 unbehandelte Limette
6 Salbeiblätter

Zubereitungszeit:
ca. 40 Minuten

1 Die Zuckerschoten putzen, waschen und schräg halbieren. Die Möhren putzen, schälen und längs halbieren oder in mundgerechte Stücke schneiden. In einem Topf reichlich Salzwasser zum Kochen bringen und die Zuckerschoten, die Möhren und die Erbsen darin nacheinander bissfest garen. Jeweils mit dem Schaumlöffel herausheben, in ein Sieb geben, kalt abschrecken und abtropfen lassen.

2 Die Kalbsschnitzel mit Küchenpapier trocken tupfen und mit einem Plattiereisen oder einer schweren Stielkasserolle gleichmäßig flach klopfen (siehe S. 121). Eine Pfanne erhitzen und das Olivenöl hineingeben. Die Kalbsschnitzel darin auf beiden Seiten etwa 2 Minuten braten und mit Fleur de Sel und Pfeffer würzen.

3 In der Zwischenzeit in einer zweiten Pfanne die Butter erhitzen und aufschäumen lassen. Die Limette waschen und trocken reiben, die Schale fein abreiben und den Saft auspressen. Die Salbeiblätter, die Limettenschale und 2 EL Limettensaft in die Butter geben. Die Hälfte der Salbei-Limetten-Butter über die Kalbsschnitzel träufeln.

4 Die blanchierten Gemüse in die restliche Butter geben und kurz erhitzen. Das Gemüse mit Fleur de Sel und Pfeffer würzen und mit den Schnitzeln anrichten.

Mein Tipp > Aus den zarten Kalbsschnitzeln können Sie auch den Klassiker Wiener Schnitzel zubereiten. Dafür wird das Fleisch plattiert (siehe S. 121), mit Salz und Pfeffer gewürzt und nacheinander in Mehl, verquirltem Ei (mit 1 EL geschlagener Sahne) und geriebenen trockenen Brötchen (oder notfalls in Paniermehl) gewendet. Braten Sie die Schnitzel in reichlich geklärter Butter (siehe Sauce hollandaise, S. 187) auf beiden Seiten goldbraun und servieren Sie sie mit Zitronenachteln und Kartoffelsalat.

Grundkurs Rind & Kalb

Kalbsgulasch
mit Chorizo und gegrillter Paprika

Zutaten für 4 Personen
200 g Zwiebeln
2 Knoblauchzehen
100 g Chorizo
(span. Paprikawurst; am Stück)
3 Zweige Thymian
3 EL Olivenöl
800 g Kalbsgulasch (z. B. aus
Schulter oder Keule)
2 EL Tomatenmark
Salz · Pfeffer aus der Mühle
Piment d'Espelette (siehe Tipp
S. 66) oder mildes Paprikapulver
100 ml Weißwein
1 kleine Dose Tomaten
(420 ml Inhalt)
200 ml Kalbsfond (siehe S. 123
oder aus dem Glas)
1 Glas gegrillte Paprikaschoten
(Pimientos oder Peperoni
grigliati; ca. 280 g)
1–2 TL Sherryessig

Zubereitungszeit:
ca. 1 Stunde

1 Die Zwiebeln und den Knoblauch schälen. Die Zwiebeln in Streifen, den Knoblauch in feine Scheiben schneiden. Die Chorizo häuten und in Würfel schneiden. Den Thymian waschen, trocken schütteln und die Blättchen abzupfen.

2 In einem Schmortopf das Olivenöl erhitzen. Die Chorizo darin anbraten und wieder herausnehmen. Das Kalbsgulasch portionsweise im Bratfett rundum anbraten und ebenfalls herausnehmen. Dann die Zwiebeln und den Knoblauch im Bratfett etwa 5 Minuten andünsten. Die Thymianblättchen und das Tomatenmark unterrühren und kurz mitbraten. Das Fleisch wieder dazugeben, mit Salz, Pfeffer und Piment d'Espelette würzen. Mit dem Wein ablöschen und kurz einköcheln lassen.

3 Die Dosentomaten grob zerkleinern und mit dem Saft und dem Fond zum Gulasch geben. Alles aufkochen und zugedeckt etwa 30 Minuten schmoren lassen.

4 Die eingelegten Paprikaschoten abtropfen lassen und in Stücke schneiden. Die Paprikastücke und die angebratenen Chorizowürfel unter das Gulasch heben und kurz erhitzen. Das Kalbsgulasch mit Salz, Pfeffer und Essig abschmecken und nach Belieben mit Pappardelle servieren.

Mein Tipp > Sie können die Paprikaschoten natürlich auch selber grillen. Vierteln und putzen Sie dafür 3 Paprikaschoten und geben Sie sie mit der Haut nach oben auf ein mit Alufolie belegtes Backblech. Die Schoten auf der mittleren Schiene unter dem Backofengrill garen, bis die Haut dunkel wird und Blasen wirft. Herausnehmen, mit angefeuchtetem Küchenpapier bedeckt abkühlen lassen und die Haut mit einem spitzen Messer abziehen.

Grundkurs Rind & Kalb

Geschmorte Kalbshaxe
mit Zitrone und Kräutern

Zutaten für 4–6 Personen
je 100 g Schalotten, Möhren
und Staudensellerie
2 Knoblauchzehen
2 Sardellenfilets (in Öl eingelegt)
2 unbehandelte Zitronen
1 Zweig Rosmarin
3 Zweige Thymian
1 Kalbshaxe (ca. 2 kg)
Salz
4 EL Olivenöl
2 EL Tomatenmark
2 Kaffir-Limettenblätter
(aus dem Asienladen)
1 Lorbeerblatt
200 ml trockener Weißwein
400 ml Kalbsfond (siehe S. 123
oder aus dem Glas)
Pfeffer aus der Mühle
1/2 Bund Petersilie

Zubereitungszeit:
ca. 2 1/2 Stunden

1   Die Schalotten schälen. Die Möhren putzen und schälen, den Sellerie putzen und waschen. Den Knoblauch schälen. Alles in feine Würfel schneiden. Die Sardellen abtropfen lassen und fein hacken. Die Zitronen waschen und trocken reiben, von 1 Zitrone einen 10 cm langen Streifen Schale abschneiden. Die Kräuter waschen und trocken schütteln. Den Backofen auf 200 °C Ober-/Unterhitze oder 180 °C Umluft vorheizen.

2   Die Kalbshaxe waschen, mit Küchenpapier trocken tupfen und salzen. Einen Bräter erhitzen, das Olivenöl hineingeben und die Kalbshaxe im heißen Öl rundum goldbraun anbraten. Die Haxe herausnehmen und das Gemüse im Bratensatz anrösten. Die Sardellen und das Tomatenmark unterrühren und kurz mitbraten. Den Zitronenstreifen, die Kräuterzweige, die Limettenblätter, das Lorbeerblatt und den Wein in den Bräter geben und die Flüssigkeit auf etwa die Hälfte einköcheln lassen.

3   Den Fond angießen, aufkochen und die Haxe wieder in den Bräter legen. Die Haxe im Ofen auf der 2. Schiene von unten etwa 30 Minuten braten. Die Hitze auf 180 °C (160 °C Umluft) reduzieren und die Haxe weitere 30 Minuten braten. Anschließend bei 160 °C (140 °C Umluft) und 140 °C (120 °C Umluft) jeweils 30 Minuten braten. Die Haxe während der Bratzeit immer wieder mit Bratfond begießen.

4   Die Haxe aus dem Bräter nehmen und einige Minuten im ausgeschalteten Ofen ruhen lassen. Den Schmorfond durch ein Sieb gießen, nach Belieben mit Küchenpapier entfetten und mit Salz und Pfeffer abschmecken.

5   Die Petersilie waschen und trocken schütteln, die Blätter abzupfen und fein schneiden. Die Schale von der restlichen Zitrone fein abreiben und mit der Petersilie mischen. Das Fleisch portionsweise vom Knochen schneiden, mit der Zitronen-Petersilien-Mischung bestreuen und mit der Sauce anrichten. Dazu passen zum Beispiel Gnocchi.

Mein Tipp > Wenn von der Kalbshaxe etwas übrig bleibt, können Sie daraus ein schnelles Pastagericht zubereiten: Das Fleisch klein schneiden und in der restlichen Sauce erhitzen. Gekochte Tagliatelle unterheben und alles mit gebratenen Kräuterseitlingen und fein geschnittenen Kräutern (z. B. Petersilie und Thymian) mischen. Mit geriebenem Parmesan servieren.

Grundkurs Rind & Kalb

Polettos Mini-Burger
in Rosmarinbrötchen

Zutaten für 8 Stück
Für die Rosmarinbrötchen:
200 g Mehl
1/4 Würfel Hefe (10 g)
1/2 TL Salz
1 EL gehackte Rosmarinnadeln
Mehl für das Blech und
zum Arbeiten
1–2 EL Olivenöl zum Bestreichen
Für die Mini-Frikadellen:
60 g Weißbrot (vom Vortag;
ohne Rinde)
6–8 EL lauwarme Milch
1 rote Zwiebel
2 Knoblauchzehen
5 EL Olivenöl
2 EL gehackte Petersilie
1 TL gehackte Thymianblättchen
400 g Rinderhackfleisch oder
gemischtes Hackfleisch
2 Eigelb
60 g geriebener Parmesan
1 TL mittelscharfer Senf
Salz · Pfeffer aus der Mühle
Außerdem:
3–4 EL Basilikum-Pesto (aus dem
Glas oder selbst gemacht)
einige Salatblätter
12 Tomatenscheiben

Zubereitungszeit:
ca. 2 Stunden

1 Für die Rosmarinbrötchen das Mehl in eine Schüssel geben und eine Mulde hineindrücken. Die Hefe zerbröckeln und mit 5 EL lauwarmem Wasser in die Mulde geben. Die Hefe und das Wasser mit einer Gabel etwas verrühren. Die Mischung zugedeckt an einem warmen Ort etwa 10 Minuten gehen lassen.

2 Das Salz und 7 bis 8 EL lauwarmes Wasser in die Schüssel geben und alle Zutaten mit den Knethaken des elektrischen Handrührgeräts zu einem glatten Teig verkneten. Zum Schluss den Rosmarin unterkneten. Den Teig zugedeckt an einem warmen Ort etwa 1 Stunde gehen lassen, bis er sein Volumen verdoppelt hat.

3 Den Backofen auf 200 °C vorheizen. Den Teig aus der Schüssel nehmen, auf der bemehlten Arbeitsfläche kurz durchkneten und in 8 Portionen teilen. Die Teigportionen zu Kugeln drehen, auf ein mit Mehl bestäubtes Backblech setzen und mit Olivenöl bestreichen. Nach Belieben mit gehackten Rosmarinnadeln bestreuen. Die Brötchen im Ofen auf der mittleren Schiene etwa 12 Minuten goldbraun backen. Herausnehmen und auf einem Gitter abkühlen lassen.

4 Für die Mini-Frikadellen das Weißbrot in Würfel schneiden, mit der Milch beträufeln und etwa 5 Minuten ziehen lassen. Die Zwiebel und den Knoblauch schälen und in feine Würfel schneiden. In einer Pfanne 1 EL Olivenöl erhitzen und die Zwiebeln und den Knoblauch kurz darin andünsten. Die Petersilie und den Thymian dazugeben, die Pfanne vom Herd nehmen und die Mischung abkühlen lassen.

5 Das eingeweichte Brot mit dem Hackfleisch, den Eigelben, der Zwiebel-Kräuter-Mischung, dem Parmesan, dem Senf, Salz und Pfeffer verkneten. Aus dem Fleischteig mit angefeuchteten Händen 8 Kugeln formen und etwas flach drücken. Das restliche Olivenöl in einer großen Pfanne erhitzen und die Frikadellen darin auf beiden Seiten etwa 5 Minuten braten.

6 Die Brötchen quer halbieren. Die Frikadellen mit Pesto beträufeln. Die Tomatenscheiben, die Salatblätter und die Frikadellen in die Brötchen geben und die Mini-Burger sofort servieren.

Mein Tipp > Damit die Frikadellen schön gleichmäßig werden, portioniere ich den Fleischteig mit einem Eiskugel-Former. Sobald das Öl in der Pfanne brutzelt, drücke ich die Hackfleisch-klößchen mit der Hand etwas flach und gebe sie in die Pfanne.

Grundkurs Rind & Kalb

Ragù alla bolognese
mit Tiroler Speck

Zutaten für 6 Personen
4 Schalotten
3 Knoblauchzehen
je 100 g Möhre und
Staudensellerie
2 EL Butter
2 EL Olivenöl
800 g Rinderhackfleisch oder
gemischtes Hackfleisch (sehr grob
durchgedreht)
1 dicke Scheibe Tiroler Speck
(ca. 100 g)
Fleur de Sel
Pfeffer aus der Mühle
1/4 l trockener Rotwein
100 ml roter Portwein
1 kleine Dose Tomaten
(420 ml Inhalt)
je 1 Zweig Rosmarin, Thymian
und Salbei
1 Lorbeerblatt
2 EL schwarze Oliven

Zubereitungszeit: ca. 2 Stunden

1   Die Schalotten und den Knoblauch schälen und in feine Würfel schneiden. Die Möhre putzen und schälen, den Sellerie putzen und waschen. Beides ebenfalls in feine Würfel schneiden.

2   In einem weiten Topf die Butter und das Olivenöl erhitzen und das Hackfleisch und die Speckscheibe darin unter Rühren anbraten. Mit Fleur de Sel und Pfeffer würzen. Die Gemüsewürfel hinzufügen, einige Minuten mitbraten und mit Fleur de Sel und Pfeffer abschmecken. Den Rotwein und den Portwein hinzufügen und etwas einköcheln lassen. Dann die Tomaten samt Saft dazugeben, dabei die Tomaten mit dem Kochlöffel grob zerkleinern. Die Kräuter waschen, trocken schütteln und mit dem Lorbeerblatt hinzufügen. Die Bolognese bei schwacher Hitze etwa 1 Stunde köcheln lassen, dabei immer wieder etwas Wasser oder nach Belieben Rindfleischbrühe dazugeben.

4   Die Speckscheibe herausnehmen. Die Oliven entsteinen und in feine Würfel schneiden. Die Olivenwürfel in die Bolognese geben und die Sauce mit Fleur de Sel und Pfeffer abschmecken. Die Bolognese mit Tagliatelle oder Spaghetti und gehobeltem Parmesan anrichten.

Variationen:

Für eine Bolognese mit Lammfleisch Lammhackfleisch verwenden und zusammen mit der Möhre und dem Sellerie noch 100 g Fenchelwürfel anbraten. Die Sauce zum Schluss mit Aceto balsamico und Thymianblättchen würzen.

Für eine Bolognese mit Wildfleisch Wildhackfleisch verwenden und ein paar Pimentkörner und Wacholderbeeren in einem Gewürzsäckchen mitkochen. Die Oliven weglassen und die Sauce zum Schluss mit Pflaumenmus und altem Aceto balsamico abschmecken.

Mein Tipp > Typisch für eine original Bolognese ist das durch die gröbste Scheibe des Fleischwolfs gedrehte Hackfleisch. Wenn Sie kein grobes Hackfleisch bekommen, kaufen Sie ein Stück Fleisch aus der Keule oder Schulter und schneiden Sie es mit einem scharfen Messer möglichst fein. Die Mühe lohnt sich!

Grundkurs Rind & Kalb

Gebackene Fagottini
mit Tomaten-Salsa

Zubereitungszeit:
ca. 1 Stunde

Zutaten für 4 Personen
Für die Salsa:
500 g Tomaten · 1 Schalotte · 10 g Ingwer · 1 rote Chilischote
4–5 Stiele Koriandergrün · 1–2 EL Limettensaft · 1 EL Sojasauce
Für die Fagottini:
20 Blatt Wan-Tan-Teig (tiefgekühlt, 9 x 9 cm; aus dem Asienladen)
10 g Ingwer · 1 Knoblauchzehe
300 g Rinderhackfleisch oder gemischtes Hackfleisch
2 EL Schnittlauchröllchen · 1 TL Salz · Pfeffer aus der Mühle
je ca. 1/2 TL gemahlener Kreuzkümmel und Cayennepfeffer
1 Eiweiß · ca. 1 l Öl zum Frittieren

1   Für die Salsa die Tomaten waschen, vierteln, vom Stielansatz befreien, entkernen und in kleine Würfel schneiden. Die Schalotte und den Ingwer schälen, ebenfalls in feine Würfel schneiden. Die Chilischote längs halbieren, entkernen, waschen und in feine Würfel schneiden. Den Koriander waschen und trocken schütteln, die Blätter abzupfen und fein schneiden. Alle vorbereiteten Zutaten in einer Schüssel mischen und mit dem Limettensaft und der Sojasauce würzen.

2   Für die Fagottini die Teigblätter in der Verpackung etwa 10 Minuten antauen lassen. Den Ingwer und den Knoblauch schälen und in feine Würfel schneiden. Das Hackfleisch mit dem Ingwer, dem Knoblauch, den Schnittlauchröllchen, Salz, Pfeffer, Kreuzkümmel und Cayennepfeffer verkneten. Aus dem Fleischteig mit angefeuchteten Händen 20 kleine Bällchen formen und auf einen Teller legen.

3   Zum Füllen 20 Teigblätter portionsweise nebeneinander auf die Arbeitsfläche legen (den übrigen Teig wieder einfrieren), die Ränder mit verquirltem Eiweiß bestreichen und je 1 Fleischbällchen daraufgeben (siehe Step 1). Die Ecken der Teigblätter jeweils über der Füllung zusammendrücken, sodass kleine Säckchen entstehen. Das Öl in der Fritteuse oder im Wok erhitzen. Die Fagottini darin portionsweise goldbraun und knusprig ausbacken. Mit einem Schaumlöffel herausheben (siehe Step 2), auf Küchenpapier abtropfen lassen und mit der Tomaten-Salsa anrichten.

Mein Tipp > Manchmal dämpfe ich die Teigtäschchen auch, so wie man es in Asien gern macht. Dafür setze ich die gefüllten Säckchen auf einen Dämpfeinsatz in einen Topf oder Wok über kochendes Wasser, in das ich 1 Stück Ingwer und 1 Stängel Zitronengras gebe. Dann lege ich einen Deckel auf den Topf und gare die Täschchen etwa 10 Minuten im Aromadampf.

SCHWEIN

»Schwein gehabt«, sagt man, wenn etwas glücklich gelaufen ist. Glück ist es auch, ein schönes Stück Schweinefleisch auf dem Teller zu haben: ein zartes Filet, einen Braten mit knuspriger Schwarte, ein Stück Speck, eine deftige Wurst. Bei der Zubereitung von Schweinefleisch spielen für mich Gewürze und Kräuter eine ganz besondere Rolle. Ich zeige Ihnen, welche am besten passen und wie Sie sie kombinieren können, beispielsweise in einer Füllung oder einer würzigen Marinade. Außerdem stelle ich Ihnen etwas ausgefallenere Garmethoden vor, die dem Fleisch eine überraschende Note verleihen: das Garen in Olivenöl, Confieren genannt, und das Garen in Salzteig oder im Bratschlauch.

So gelingen Braten, Steaks & Co.

Für viele ist ein saftiges Kotelett oder eine knusprige Haxe der Inbegriff von deftigem Fleischgenuss. Besonders groß ist der Genuss, wenn Sie Fleisch aus ökologischer Tierhaltung wählen: Denn es ist, wie Schweinefleisch sein soll, kräftig rosa und fein marmoriert. Nicht blass, weich und ohne jedes Fitzelchen Fett. Es bleibt schön saftig und schrumpft nicht in der Pfanne. Probieren Sie mal einen Braten von einer der wiederentdeckten alten Rassen wie das Schwäbisch-Hällische oder das Bunte Bentheimer Schwein: Sie werden schnell merken, dass man ein artgerechtes Schweineleben schmecken kann. Für die Zubereitung von Schweinefleisch gelten dieselben Regeln wie für Rindfleisch (siehe S. 120). Schweinefleisch wird jedoch in der Regel durchgebraten. Eine Ausnahme ist das zarte Schweinefilet, das einen hellrosa Kern behalten darf.

Fett bringt Geschmack

Noch mehr als für Rind- gilt für Schweinefleisch: Fett ist ein Zeichen von Qualität und verbessert den Geschmack! Es schützt das Fleisch vor dem Austrocknen und macht es schön saftig. Wenn Sie auf Ihre Linie achten möchten, können Sie es nach dem Braten abschneiden. Aber ehrlich, wer schneidet schon eine knusprige Schwarte ab? Zudem schmeckt das Fett »glücklicher« Schweine ja hervorragend. Und auf Speck, geräucherten Schweinebauch, Schinken und deftige Würste kann man in der guten Küche einfach nicht verzichten.

Üppig gewürzt und süß kombiniert

Da Schweinefleisch ein eher mildes Aroma hat, wird es seit jeher großzügig gewürzt. Viele dieser typischen Gewürze wie Fenchelsamen, Anis oder Kümmel haben einen positiven Nebeneffekt: Sie unterstützen die Fettverdauung. Kräuter, die hervorragend zu Schweinefleisch passen, sind Thymian, Rosmarin, Majoran und Koriander. Außerdem harmoniert Schweinefleisch perfekt mit Gemüsen, die beim Schmoren und Braten eine leichte Süße entwickeln wie Zwiebeln, Fenchel, Kohl, Knoblauch oder Paprika. Und mit Früchten wie Kirschen, Äpfeln oder Pflaumen, aus denen man wunderbare Füllungen und Saucen für Schweinefleisch machen kann.

Grundkurs Schwein

Rollbraten binden

Viele Metzger bieten schon fertig gefüllte und gebundene Rollbraten an. Wer das Fleisch zu Hause selbst füllen möchte, muss die Technik des Zubindens beherrschen. So geht's:

Die Füllung auf der Fleischplatte verteilen und das Fleisch der Länge nach fest aufrollen. Ein langes Stück Küchengarn abschneiden.

Ein Ende vom Küchengarn um den Rollbraten schlingen und oben verknoten.

Das Küchengarn in gleichmäßigen Abständen um das Fleisch schlingen, dabei jeweils auf der Oberseite unter der Schlinge durchfädeln.

Garen im Bratschlauch

Ein Bratschlauch bietet viele Vorteile: Man kann das Fleisch darin marinieren, es wird schonend gegart, und der Backofen bleibt sauber. Bevor Sie mit dem Bratschlauch arbeiten, sollten Sie aber auf jeden Fall die Herstelleranweisungen auf der Verpackung lesen. So bereiten Sie ihn vor:

Den Schlauch in ausreichender Größe abschneiden, eine Seite verschließen. Den Schlauch weit öffnen, damit er bequem gefüllt werden kann.

Fleisch, Aromazutaten und Flüssigkeit in den Schlauch füllen und die andere Seite des Bratschlauchs mit Küchengarn verschließen.

Den Schlauch zum Marinieren auf eine Platte oder in eine Form legen. Zum Garen auf das kalte Backblech legen und oben etwas einschneiden.

Speck für Genießer

Lardo di Colonnata ist ein fetter Rückenspeck, der in dem Örtchen Colonnata in der Nähe der Marmorstadt Carrara hergestellt wird. Er wird mit Kräutern, Gewürzen und Meersalz in Marmortröge geschichtet und mit Marmorplatten beschwert. Nach einer Reifezeit von mindestens 6 Monaten hat er eine porzellanweiße bis zartrosa Farbe und zergeht fast auf der Zunge. Man kann ihn braten, aber ganz hervorragend schmeckt er auch hauchdünn geschnitten auf geröstetem Bauernbrot.

Grundkurs Schwein

Gegrillte Schweinefiletspieße
mit Paprika und roten Zwiebeln

Zutaten für 4 Personen
500 g Schweinefilet
1 Zweig Rosmarin
1 TL Fenchelsamen
1 Knoblauchzehe
1 TL Piment d'Espelette
(siehe Tipp S. 66) oder
mildes Paprikapulver
8–10 EL Olivenöl
Pfeffer aus der Mühle
200 g Chorizo am Stück
(span. Paprikawurst, siehe Tipp)
je 1 rote und gelbe Paprikaschote
3 rote Zwiebeln
Salz
8 Zweige Rosmarin oder
Holzspieße

Zubereitungszeit:
ca. 30 Minuten
Marinierzeit: ca. 1 Stunde

1 Das Fleisch mit Küchenpapier trocken tupfen und in 1 bis 2 cm dicke Scheiben schneiden. Die Scheiben halbieren und in eine Schüssel geben. Den Rosmarin waschen und trocken schütteln, die Nadeln abzupfen und fein hacken. Den Fenchel im Mörser grob zerstoßen. Den Knoblauch schälen und in feine Würfel schneiden. Knoblauch, Fenchel, Rosmarin, Piment d'Espelette und 5 EL Olivenöl mit dem Fleisch mischen und alles mit Pfeffer würzen. Das Fleisch zugedeckt etwa 1 Stunde marinieren.

2 Die Chorizo häuten und in dicke Scheiben schneiden. Die Paprikaschoten längs halbieren, entkernen, waschen und in gleichmäßig große Stücke (etwa in der Größe der Fleischstücke) schneiden. Die Zwiebeln schälen und halbieren. Den Wurzelansatz entfernen und die einzelnen Zwiebelschichten voneinander lösen.

3 Den Backofen auf 70 °C vorheizen. Das Fleisch aus der Marinade nehmen und die Marinade beiseitestellen. Die Fleischwürfel abwechselnd mit Chorizo, Paprika und Zwiebeln auf die Rosmarinzweige oder Holzspieße stecken.

4 Die Spieße auf ein Backblech legen, großzügig mit dem restlichen Olivenöl beträufeln und auf der mittleren Schiene im Ofen 30 bis 60 Minuten ziehen lassen. Dann die Fleischspieße auf dem Holzkohlengrill oder in einer Grillpfanne rundum 5 bis 10 Minuten garen, dabei mit der restlichen Marinade bestreichen. Dazu passt knusprig geröstetes Ciabatta-Brot.

Mein Tipp > Chorizo ist eine grobkörnige spanische Wurst aus Schweinefleisch, gewürzt mit Knoblauch und viel Paprika. Ich verwende sie – gewürfelt oder in Scheiben geschnitten – in deftigen Fleischragouts oder Gemüsegerichten gerne anstelle von Speck. Man kann sie auch knusprig ausbraten und in eine herzhafte Kartoffelsuppe geben oder über Salate streuen.

Grundkurs Schwein

Schweinefilet
in Olivenöl gegart

Zutaten für 4 Personen
600 g Schweinefilet
je 1 Zweig Rosmarin, Thymian
und Salbei
4 Knoblauchzehen
ca. 1 l Olivenöl
Salz
Fleur de Sel
Pfeffer aus der Mühle

Zubereitungszeit:
ca. 45 Minuten
Marinierzeit: über Nacht

1 Am Vortag das Schweinefilet gut trocken tupfen. Die Kräuter waschen und ebenfalls gut trocken tupfen. Die Knoblauchzehen schälen und leicht andrücken. Das Schweinefilet mit den Kräuterzweigen, dem Knoblauch und dem Olivenöl in ein Gefäß geben (das Fleisch sollte vollständig mit Öl bedeckt sein) und zugedeckt über Nacht im Kühlschrank marinieren.

2 Am nächsten Tag das Gefäß aus dem Kühlschrank nehmen und 3 Stunden bei Zimmertemperatur stehen lassen. Den Backofen auf 80°C vorheizen. Das Filet aus dem Olivenöl nehmen, abtropfen lassen, salzen und in einer heißen Pfanne rundum anbraten. Das Marinieröl in einer ofenfesten Form auf 80°C (mit einem Thermometer prüfen) erhitzen, das Filet hineingeben und im Ofen auf der mittleren Schiene etwa 25 Minuten garen. Falls das Filet nicht ganz mit Öl bedeckt ist, nach der Hälfte der Garzeit wenden.

3 Das Filet herausnehmen, gut abtropfen lassen und in Scheiben schneiden. Mit Fleur de Sel und Pfeffer würzen. Dazu passt gegrilltes Gemüse.

Grundkurs Schwein

Schweinefilet
aus dem Kräuterdampf

Zutaten für 4 Personen
Für die Bohnen:
400 g Schnittbohnen · Meersalz · 250 g Tomaten
200 g Cannellini-Bohnen (aus der Dose)
1 Schalotte · 1 Knoblauchzehe · 6 EL Olivenöl
50 ml Hühnerbrühe · 3 EL Zitronensaft
1 TL abgeriebene Zitronenschale
Fleur de Sel · Pfeffer aus der Mühle · Zucker
Für das Fleisch:
1 EL Korianderkörner
1 EL gemischte Pfefferkörner
1 Streifen unbehandelte Zitronenschale
3 Lorbeerblätter
600 g Schweinefilet · 1 Bund Thymian
1 EL Olivenöl · Fleur de Sel

Zubereitungszeit: ca. 1 Stunde

1 Für die Bohnen die Schnittbohnen putzen, waschen und schräg in Stücke schneiden. Die Bohnen in kochendem Salzwasser etwa 10 Minuten bissfest garen, in ein Sieb abgießen, kalt abschrecken und abtropfen lassen. Die Stielansätze der Tomaten herausschneiden. Die Tomaten kurz in kochendes Wasser geben, herausheben, kalt abschrecken, häuten, vierteln und entkernen (siehe S. 11). Die Tomatenfilets in Würfel schneiden. Die Cannellini-Bohnen abtropfen lassen und mit den Schnittbohnen in einer Schüssel mischen.

2 Die Schalotte und den Knoblauch schälen und in feine Würfel schneiden. In einer Pfanne 1 EL Olivenöl erhitzen und die Schalotten und den Knoblauch darin andünsten. Mit der Brühe ablöschen und die Schalottenmischung über die Bohnen geben. Das restliche Olivenöl, den Zitronensaft und die abgeriebene Zitronenschale dazugeben. Den Salat mit Fleur de Sel, Pfeffer und 1 Prise Zucker würzen. Die Tomatenwürfel unterheben.

3 Für das Fleisch in einem Topf mit passendem Dämpfeinsatz etwa 3 bis 4 cm hoch Wasser erhitzen. Die Gewürzkörner und die Lorbeerblätter hinzufügen und etwa 3 Minuten zugedeckt köcheln. Die Zitronenschale dazugeben und kurz mitköcheln. Das Filet trocken tupfen und in 2 cm dicke Scheiben schneiden. Den Thymian waschen und in dem Dämpfeinsatz verteilen.

4 Das Olivenöl in einer Pfanne erhitzen und das Filet darin bei starker Hitze auf jeder Seite etwa 10 Sekunden anbraten. Herausnehmen, auf die Thymianzweige legen und den Dämpfeinsatz über den kochenden Gewürzsud geben. Den Deckel auflegen und das Filet bei schwacher Hitze etwa 10 Minuten dämpfen. Die Filetscheiben herausheben, mit Fleur de Sel bestreuen und mit den marinierten Bohnen anrichten.

Mein Tipp > Statt Schnittbohnen können Sie auch Keniabohnen verwenden. Diese haben allerdings eine etwas kürzere Garzeit.

Grundkurs Schwein

Porchetta-Rollbraten
mit Fenchelgemüse

Zutaten für 4 Personen

1,5 kg Schweinebauch (ohne
Schwarte; vom Metzger als
Rollbraten zugeschnitten)
1 EL Fenchelsamen
1 TL schwarze Pfefferkörner
Salz
je 4 Zweige Rosmarin und
Thymian
6 Knoblauchzehen
8 Schalotten
2 Fenchelknollen
6 EL Olivenöl
50 ml Pernod (franz. Anislikör)
1/4 l Weißwein
200 ml Kalbsfond (siehe S. 123
oder aus dem Glas)

Zubereitungszeit:
ca. 2 Stunden

1   Den Schweinebauch trocken tupfen und ausgebreitet auf die Arbeitsfläche legen. Die Fenchelsamen und die Pfefferkörner im Mörser grob zerstoßen, mit 1 TL Salz mischen und auf dem Fleisch verteilen. Den Rosmarin und den Thymian waschen und trocken schütteln. Die Nadeln und Blättchen von je 2 Rosmarin- und Thymianzweigen abzupfen, grob hacken und über das Fleisch streuen. 2 Knoblauchzehen schälen, in feine Scheiben schneiden und auf dem Fleisch verteilen. Das Fleisch aufrollen und mit Küchengarn zusammenbinden (siehe S. 155).

2   Die Schalotten schälen und halbieren. Den Fenchel putzen, waschen und längs in Spalten schneiden. Die restlichen Knoblauchzehen in der Schale leicht andrücken.

3   Den Backofen auf 180 °C Ober-/Unterhitze oder 160 °C Umluft vorheizen. 3 EL Olivenöl in einem Bräter erhitzen, den Rollbraten darin rundum anbraten und herausnehmen. Die Schalotten, die angedrückten Knoblauchzehen, den Fenchel sowie die restlichen Kräuterzweige in den Bräter geben und einige Minuten anbraten. Mit Pernod und Wein ablöschen und aufkochen lassen. Den Rollbraten wieder in den Bräter legen und im Ofen auf der mittleren Schiene etwa 1 1/2 Stunden garen, dabei das Fleisch ab und zu mit Bratensud begießen. Wenn die Flüssigkeit verdampft ist, nach und nach den Fond angießen.

4   Das Fleisch aus dem Bräter nehmen und einige Minuten ruhen lassen. Das Gemüse mit Salz abschmecken und mit dem restlichen Olivenöl beträufeln. Das Fleisch in Scheiben schneiden und mit dem Gemüse anrichten. Dazu passt Weißbrot.

Mein Tipp > Der saftige, nach Kräutern und Gewürzen duftende Schweinebraten schmeckt auch kalt sehr gut. Er ist deshalb ideal für ein Picknick oder ein Sommerbüfett. Das Fenchelgemüse können Sie kalt dazu servieren: Schmecken Sie es einfach mit etwas Zitronensaft ab und beträufeln Sie es mit Olivenöl.

Grundkurs Schwein

Schweinerücken
mit Lardo im Salzteig

Zubereitungszeit:
ca. 1 1/2 Stunden

Zutaten für 4 Personen
500 g Mehl · 500 g feines Meersalz
1 kg Schweinerücken (ohne Knochen und Schwarte)
3 EL Olivenöl · Pfeffer aus der Mühle
3 Zweige Rosmarin · 5 Zweige Thymian · 3 Stiele Majoran
12 dünne Scheiben fetter Speck (z. B. Lardo, siehe S. 155)

1 In einer großen Schüssel das Mehl mit dem Meersalz mischen, 300 ml Wasser hinzufügen und alles zu einem geschmeidigen Teig verkneten. Falls der Teig zu fest ist, noch etwas Wasser hinfügen. Den Salzteig in Frischhaltefolie wickeln und etwa 15 Minuten kühl stellen.

2 Den Backofen auf 180 °C vorheizen. Den Schweinerücken waschen und trocken tupfen. Das Olivenöl in einem Bräter erhitzen. Das Fleisch darin rundum anbraten, mit Pfeffer würzen und herausnehmen. Die Kräuterzweige waschen, trocken schütteln und auf dem Fleisch verteilen. Den Schweinerücken leicht überlappend mit den Speckscheiben belegen (siehe Step 1) und vollständig umwickeln, sodass das Fleisch nicht direkt mit dem Salzteig in Berührung kommt (siehe Step 2).

3 Den Salzteig auf einem Bogen Backpapier zu einem großen Rechteck ausrollen. Das Fleisch auf die untere Hälfte der Teigplatte legen. Den Teig darüberschlagen, die Ränder andrücken und die Seiten einschlagen. Den Schweinerücken mit dem Backpapier auf ein Backblech ziehen und auf der 2. Schiene von unten 45 bis 60 Minuten garen. Nach 45 Minuten die Kerntemperatur messen (perfekt sind 65 °C; siehe S. 121).

4 Das Backblech herausnehmen und aus dem Salzteig oben ein Rechteck herausschneiden (siehe Step 3). Den Schweinerücken herausnehmen und aus dem Speckmantel wickeln. In Scheiben schneiden und nach Belieben mit Fleur de Sel würzen. Dazu passt Kartoffelsalat (siehe S. 30).

Mein Tipp > Zartes Fleisch gare ich sehr gern in Salzteig oder in einer Meersalzkruste. Die Hülle schützt es vor dem Austrocknen, und die Aromen können sich optimal entfalten. Öffnen Sie das Salzpaket erst bei Tisch, damit erzielen Sie einen tollen Aha-Effekt! Auch Portionsstücke können auf diese Weise gegart werden: Bereiten Sie für jeden Gast ein eigenes Päckchen zu.

Grundkurs Schwein

Marinierte Spanferkelkeule
mit glasiertem Spitzkohl

Zutaten für 4 Personen
Für das Spanferkel:
1 TL Fenchelsamen
1 TL Korianderkörner
1 TL Sichuanpfeffer
je 1/2 TL weiße und
schwarze Pfefferkörner
1 Zimtblüte oder
1/4 TL Zimtpulver
1 Sternanis
4 Schalotten
2 Knoblauchzehen
4 EL Olivenöl
2 EL Sherryessig
400 ml Weißwein
2 Stiele Majoran
1 Spanferkelkeule (1 1/2–2 kg;
mit Schwarte)
Meersalz
200 ml Kalbsfond (siehe S. 123
oder aus dem Glas)
Pfeffer aus der Mühle
Für das Gemüse:
500 g Spitzkohl
Salz
2 EL Zucker
2–3 EL Sherryessig
Pfeffer aus der Mühle
50 g kalte Butter

Zubereitungszeit:
ca. 6 1/2 Stunden
Marinierzeit: 24 Stunden

1 Am Vortag für das Spanferkel die ganzen Gewürze in den Mörser geben und fein zerstoßen. Die Schalotten und den Knoblauch schälen und in Streifen schneiden. Das Olivenöl in einer Pfanne erhitzen und die Schalotten und den Knoblauch darin andünsten. Die Gewürze hinzufügen und kurz mitbraten. Mit dem Essig und dem Wein ablöschen. Den Majoran waschen, trocken schütteln und dazugeben, alles einige Minuten köcheln lassen. Die Pfanne vom Herd nehmen und die Marinade abkühlen lassen.

2 Die Spanferkelkeule waschen und mit Küchenpapier trocken tupfen. Die Schwarte mit einem scharfen Messer diagonal einritzen, die Keule rundum mit Meersalz einreiben und in einen Bratschlauch geben (siehe S. 155). Die Marinade dazugeben, den Schlauch verschließen, das Paket auf eine Platte legen und die Keule etwa 24 Stunden im Kühlschrank marinieren. Den Bratschlauch mit der Keule zwischendurch wenden, damit das Fleisch rundum gleichmäßig mariniert.

3 Am nächsten Tag den Backofen auf 80 °C vorheizen. Die Keule im Bratschlauch mit der Schweißnaht nach oben auf ein Backblech legen und den Schlauch oben quer zur Schweißnaht etwa 1 cm einschneiden. Die Keule auf der 2. Schiene von unten etwa 6 Stunden garen.

4 Für das Gemüse den Spitzkohl putzen, die Blätter ablösen, waschen, abtropfen lassen und in Rauten schneiden. Den Spitzkohl in kochendem Salzwasser bissfest garen, abgießen, kalt abschrecken und gut abtropfen lassen. Den Zucker in einer Pfanne goldbraun karamellisieren, den Spitzkohl hinzufügen und mit Essig ablöschen. Mit Salz und Pfeffer würzen und kurz köcheln lassen, bis sich der Karamell aufgelöst hat. Die Butter in Stückchen hinzufügen und unterrühren. Das Gemüse mit Salz und Pfeffer abschmecken.

5 Die Spanferkelkeule aus dem Bratschlauch nehmen, dabei die Marinade auffangen und die Gewürze von der Keule etwas abstreifen. Die Keule in eine ofenfeste Form setzen und unter dem vorgeheizten Backofengrill knusprig braten. Die Marinade durch ein Sieb in einen kleinen Topf gießen, den Fond hinzufügen und etwa 10 Minuten einköcheln lassen. Mit Salz und Pfeffer abschmecken. Die Keule in Scheiben schneiden und mit dem Spitzkohl anrichten. Dazu passen knusprige, mit Majoran gebratene Kartoffeln.

Mein Tipp > Spanferkel sind Jungschweine mit einem Gewicht ab etwa 10 Kilogramm. Sie haben sehr zartes Fleisch und eine dünne Schwarte, die beim Braten wunderbar knusprig wird.

KÄSE

Was wäre die italienische Küche ohne ihren weltberühmten Käse? Können Sie sich Pasta und Risotto ohne frisch geriebenen Parmesan vorstellen oder eine Insalata Caprese ohne Mozzarella? Auch in meiner Küche ist Käse unverzichtbar. Dabei meine ich nicht nur die edle Käseauswahl am Ende eines Menüs, sondern Käse als Zutat. Ich verrate Ihnen in diesem Kapitel, auf welch vielfältige Weise Sie Käse einsetzen können: Würzen Sie knuspriges Gebäck mit kräftigem Hartkäse, füllen Sie selbst gemachte Ravioli mit Pecorino, formen Sie saftige Knödel mit Ricotta oder überbacken Sie Gemüse mit Mozzarella und Fontina. Egal, für welches Rezept Sie sich entscheiden: Ein kulinarischer Hochgenuss ist Ihnen sicher.

Ganz frisch oder ganz schön alt

Parmesan und Mozzarella kennt man auf der ganzen Welt, Italien hat aber noch weitere köstliche Käsesorten mit berühmten Namen zu bieten: den zartschmelzenden Fontina, den pikanten Blauschimmelkäse Gorgonzola, würzigen Pecorino (aus Schafsmilch) oder cremigen Ricotta.

1001 Verwendungsmöglichkeiten
Jede dieser Käsesorten schmeckt anders und jede eignet sich für eine andere Zubereitungsart. Deshalb sollten Sie vor dem Kauf schon wissen, wofür Sie den Käse verwenden wollen: für eine cremige Sauce oder als Füllung, zum Überbacken oder im Salat? Hartkäse wie Pecorino, Parmesan (Parmigiano Reggiano) oder der eng verwandte Grana Padano würzen Suppen, Saucen oder Risotti. Sie sind in verschiedenen Reifegraden erhältlich. Als Faustregel gilt: je älter, desto härter und kräftiger im Geschmack. Mozzarella isst man pur, er schmilzt aber auch sehr gut, zum Beispiel auf Pizza. Ob man Mozzarella aus Kuh- oder Büffelmilch verwendet, ist reine Geschmackssache. Ich ziehe den mürberen, feinsäuerlichen »Mozzarella di bufala« vor. Beim Gorgonzola haben Sie die Wahl zwischen dem cremigmilden »dolce« und dem würzigkrümeligen »piccante«. Gorgonzola peppt Salate auf, schmilzt aber auch schön in Saucen. Der milde Fontina ist ebenfalls perfekt für Saucen, aber auch zum Überbacken und für Füllungen. Ricotta wird bei uns fast ausschließlich in der quarkähnlichen Form als »Ricotta fresca« (frischer Ricotta) angeboten. Mit ihm bereitet man vor allem Saucen, Desserts und Pastafüllungen zu.

Richtig lagern – dem Aroma zuliebe
Von großer Bedeutung für echten Käsegenuss ist die Lagerung: Lassen Sie den Käse nach dem Kauf in seinem Wachspapier oder wickeln Sie ihn in Pergament oder Backpapier. So trocknet er nicht aus. In luftdichte Beutel oder Dosen verpackt, »schwitzt« der Käse und verdirbt schneller. Dunkel und kühl gelagert fühlt sich Käse am wohlsten. Nehmen Sie ihn etwa 1 Stunde vor dem Essen (oder dem Kochen) aus dem Kühlschrank – so kann er sein Aroma am besten entfalten.

Grundkurs Käse

Käse reiben und hobeln

Parmesan und andere Hartkäse sollten grundsätzlich frisch zerkleinert werden. Dabei kann man zwischen unterschiedlichen Möglichkeiten wählen:

Feine Reiben schaben mit ihren scharfkantigen Reibeflächen kleine Käseflöckchen ab.

Wer etwas mehr Biss liebt, schneidet den Käse auf einem Hobel mit breiterer Klinge in dünne Späne.

Mit einem scharfen Sparschäler kann man hauchdünne Streifen vom Käse abziehen.

Parmesan-Chips und -Körbchen herstellen

Mit einem filigranen Körbchen oder knusprigen Chips aus geschmolzenem, geriebenem Parmesan können Sie Ihre Gäste schwer beeindrucken. Und es geht ganz leicht:

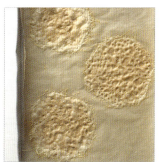

Käsekreise auf ein mit Backpapier ausgelegtes Blech streuen und im 220 °C heißen Ofen auf der mittleren Schiene 2 Minuten schmelzen.

Für Körbchen die Kreise noch heiß vom Papier ziehen und sofort über Tassen stülpen. Abkühlen lassen und von den Tassen nehmen.

Für Chips die Kreise auskühlen lassen, vom Papier ziehen und in unregelmäßige Stücke brechen.

Originelle Begleiter

Käse und Weintrauben – diese Kombination kennen alle. Aber haben Sie schon einmal Gorgonzola mit frischen Feigen oder eingelegten Senffrüchten probiert? Einen alten Parmesan, beträufelt mit fast sirupartigem Aceto balsamico? Oder haben Sie Ihren Gästen jemals einen würzigen Weichkäse mit Nussbrot oder dem auf Adventsmärkten beliebten Kletzen- oder Früchtebrot angeboten? Wenn nicht, sollten Sie es unbedingt tun. Und mein Getränketipp zur Käseplatte: Kosten Sie anstelle von Rotwein einmal einen edlen Süßwein wie Moscato oder Vin Santo dazu – einfach umwerfend!

Meine schnellste Käsesauce

In einem Topf 400 ml Hühnerfond (siehe S. 98) zum Kochen bringen, etwa 60 g kalte Butter unterrühren und alles leicht sämig auf etwa die Hälfte einkochen lassen. Mit Fleur de Sel, Pfeffer und frisch geriebener Muskatnuss abschmecken. 400 g Tagliatelle oder Spaghetti in kochendem Salzwaser »al dente« kochen, in ein Sieb abgießen, abtropfen lassen und mit der Sauce mischen. 150 g Gorgonzola dolce zerzupfen, dazugeben und vorsichtig untermischen. Ein paar Walnusskerne in einer beschichteten Pfanne ohne Fett rösten und mit fein geschnittenem Basilikum unter die Pasta heben.

Grundkurs Käse

Chicoréesalat
mit Gorgonzola und Moscato-Melone

Zutaten für 4 Personen
1 kleine reife Charentais-Melone (ca. 1 kg)
200 ml Moscato (ital. Dessertwein)
110 ml Trockenbeerenauslese-Essig
150 g brauner Zucker
1 EL Senfpulver
2 Chicorée
Meersalz · Pfeffer aus der Mühle
je 3 EL Rapsöl und Walnussöl
30 g Walnüsse
200 g Gorgonzola dolce

Zubereitungszeit: ca. 1 Stunde
Marinierzeit: über Nacht

1 Am Vortag die Melone halbieren und die Kerne mit einem Löffel entfernen. Die Melone vierteln, das Fruchtfleisch aus der Schale und in Spalten schneiden. Den Wein, 100 ml Essig, Zucker und das Senfpulver in einen Topf geben, verrühren und aufkochen. So lange köcheln lassen, bis sich der Zucker aufgelöst hat. Die Mischung vom Herd nehmen, die Melonenspalten hineingeben und zugedeckt über Nacht durchziehen lassen.

2 Am nächsten Tag den Chicorée putzen, vierteln und den Strunk so abschneiden, dass die Viertel noch zusammenhalten. Den Chicorée in eine Schüssel mit lauwarmem Wasser legen und etwa 10 Minuten ziehen lassen (dabei werden die Bitterstoffe entzogen). Den Chicorée in ein Sieb abgießen und abtropfen lassen.

3 Die Marinade mit den Melonenspalten erhitzen und 5 Minuten köcheln lassen. Die Melonenspalten herausnehmen und auf Küchenpapier abtropfen lassen. Die Marinade sirupartig einkochen lassen.

4 Den restlichen Essig mit 2 EL eingekochter Marinade (den Rest in einem Schraubglas kühl stellen und anderweitig verwenden), Salz, Pfeffer und den beiden Ölsorten verquirlen. Die Walnüsse in einer beschichteten Pfanne ohne Fett anrösten, herausnehmen und grob zerdrücken.

5 Den Chicorée und die Melonenspalten auf Teller verteilen und mit drei Viertel der Vinaigrette beträufeln. Den Gorgonzola in kleinen Stücken darüberzupfen. Den Salat mit den Walnüssen bestreuen und mit der restlichen Vinaigrette beträufeln.

Mein Tipp > Meine Lieblingsmelonensorte ist die französische Charentais-Melone. Sie hat eine weiß-grünliche bis gelbe Schale mit grünen Rippen. Ihr Fruchtfleisch ist wunderbar süß, duftet aromatisch und hat eine schöne orangerosa Farbe. Charentais-Melonen schmecken köstlich in Salaten oder zu Sorbet verarbeitet. Mit hauchdünn geschnittenem luftgetrocknetem Schinken kann man sie als Vorspeise oder kleines Sommergericht servieren.

Grundkurs Käse

Gebackener Mozzarella
mit Tomaten-Panino

Zutaten für 4 Personen
1 Kugel Büffel-Mozzarella (150 g)
Meersalz · Pfeffer aus der Mühle
8 Scheiben Kastenweißbrot
(ohne Rinde) oder Tramezzini-Brot
4 TL Tomaten-Pesto (siehe S. 14
oder aus dem Glas)
4 Basilikumblätter
200 ml Milch · 2 Eier
2–3 EL Mehl · 100 ml Olivenöl

Zubereitungszeit:
ca. 30 Minuten

1 Den Mozzarella abtropfen lassen, in 4 Scheiben schneiden und mit Salz und Pfeffer würzen. Jeweils 4 Brotscheiben mit 1 TL Pesto, 1 Scheibe Mozzarella und 1 Basilikumblatt belegen, dabei jeweils rundum einen Rand frei lassen. Die restlichen Brote darauflegen. Die Ränder ganz kurz in die Milch tauchen und die Scheiben gut zusammendrücken.

2 Die restliche Milch mit den Eiern verquirlen und mit Salz und Pfeffer würzen. Die Eiermilch in eine flache Schüssel geben. Die Brote auf beiden Seiten mit etwas Mehl bestäuben. Dann in die Eiermilch legen und kurz ziehen lassen, dabei etwas zusammendrücken. Wenden, erneut kurz ziehen und abtropfen lassen. Die Ränder nochmals leicht zusammendrücken.

3 Das Olivenöl in einer großen Pfanne erhitzen und die Brote darin auf jeder Seite etwa 3 Minuten goldbraun backen. Die Brote auf Küchenpapier abtropfen lassen und diagonal halbieren.

Grundkurs Käse

Zucchini-Piccata
mit Schinken und Käse

Zutaten für 4 Personen
500 g Zucchini
4 dünne Scheiben gekochter Schinken
je 1 EL süßer und scharfer Senf
4 Scheiben Fontina oder Butterkäse
30 g Toastbrot (ohne Rinde)
4 Eier
40 g geriebener Parmesan
Meersalz · Pfeffer aus der Mühle
100 ml Olivenöl

Zubereitungszeit: ca. 1 Stunde

1 Einen großen Bogen Backpapier auf die Arbeitsfläche legen. Die Zucchini putzen, waschen und längs in dünne Scheiben hobeln. Die Hälfte der Zucchinischeiben auf dem Backpapier leicht überlappend zu einem Rechteck auslegen. Mit dem Schinken belegen. Die beiden Senfsorten verrühren und auf den Schinken streichen. Mit dem Käse belegen und die restlichen Zucchinischeiben leicht überlappend darauflegen.

2 Die Piccataplatte mit einem großen Bogen Frischhaltefolie abdecken und mit dem Nudelholz darüberrollen, sodass die Schichten gut zusammengedrückt sind. Die Folie abnehmen und die Piccata mit einem scharfen Messer in etwa 6 x 6 cm große Quadrate schneiden.

3 Das Toastbrot zerpflücken und im Blitzhacker fein zerbröseln. Die Eier verquirlen, den Parmesan und die Brotbrösel unterrühren und die Masse mit Salz und Pfeffer würzen. Das Olivenöl in einer großen Pfanne erhitzen. Die Zucchiniquadrate durch die Eiermasse ziehen, etwas abtropfen lassen und im heißen Öl auf jeder Seite etwa 3 Minuten goldbraun ausbacken. Die Piccata herausnehmen, auf Küchenpapier abtropfen lassen und warm servieren. Dazu passt Tomatensugo (siehe S.13).

Mein Tipp > Aus den Piccata-Zutaten können Sie auch einen Gratin zubereiten: Dafür die Zucchinischeiben portionsweise in Olivenöl anbraten und mit Salz und Pfeffer würzen. Alle Zutaten in der oben beschriebenen Reihenfolge in eine ofenfeste Form schichten und mit reichlich Parmesan bestreuen. Mit Butterflöckchen belegen und bei 220°C im Backofen auf der mittleren Schiene etwa 15 Minuten gratinieren.

Grundkurs Käse

Mozzarella-Lasagne
mit Oliven und getrockneten Tomaten

Zutaten für 4 Personen
2 Schalotten
2 Knoblauchzehen
100 g getrocknete Tomaten
(in Öl eingelegt)
100 g schwarze Oliven
50 g Rucola
1 Bund Basilikum
2 EL Kapern
5 EL Olivenöl
1 TL getrockneter Oregano
Fleur de Sel
Pfeffer aus der Mühle
1 kg Strauchtomaten
250 g Lasagneplatten
Meersalz
4 Kugeln Büffel-Mozzarella
(à 150 g)
Öl für die Form
60 g geriebener Parmesan

Zubereitungszeit:
ca. 1 Stunde

1 Die Schalotten und den Knoblauch schälen und in feine Würfel schneiden. Die getrockneten Tomaten auf Küchenpapier abtropfen lassen, die Oliven entsteinen und beides fein hacken. Den Rucola und das Basilikum waschen und trocken schütteln, grobe Rucolastiele entfernen. Die Basilikumblätter abzupfen und mit dem Rucola grob schneiden. Alle vorbereiteten Zutaten mit den Kapern, dem Olivenöl, Oregano, etwas Fleur de Sel und Pfeffer verrühren.

2 Die Tomaten waschen und in dünne Scheiben schneiden, dabei die Stielansätze entfernen. Die Tomatenscheiben in eine flache Schüssel geben, mit Fleur de Sel und Pfeffer würzen, die Oliven-Kräuter-Mischung darauf verteilen und etwas durchziehen lassen.

3 Die Lasagneplatten in reichlich kochendem Salzwasser nach Packungsanweisung bissfest garen. In ein Sieb abgießen, kalt abschrecken und abtropfen lassen. Den Backofen auf 220 °C vorheizen.

4 Den Mozzarella abtropfen lassen und in kleine Würfel schneiden. Eine ofenfeste rechteckige Form (etwa 20 x 30 cm) oder vier Portionsformen mit etwas Öl einfetten. Die Form mit der Hälfte der Nudelplatten auslegen. Die Hälfte der Tomaten samt Marinade darauf verteilen und die Hälfte der Mozzarellawürfel darübergeben. Mit Salz und Pfeffer würzen. Die restlichen Nudelplatten, die Tomaten und den Mozzarella schichtweise daraufgeben. Die Lasagne mit Parmesan bestreuen und im Backofen auf der 2. Schiene von unten etwa 30 Minuten backen. Die Lasagne nach Belieben mit Thymian garniert servieren.

Mein Tipp > Ich liebe Mozzarella aus Büffelmilch – Mozzarella di bufala. Er ist weicher als Kuhmilch-Mozzarella, hat einen intensiveren Geschmack und eine feine Säure. Die besten Sorten kommen aus dem Süden Italiens und tragen den Stempel des Consorzio di Mozzarella di Bufala Campana.

Grundkurs Käse

Pecorino-Ravioli
mit Zitronenbutter und Fave-Bohnen

Zubereitungszeit:
ca. 2 Stunden
Ruhe- und Kühlzeiten:
ca. 2 Stunden

Zutaten für 4 Personen
Für den Nudelteig und die Füllung:
75 g Mehl · 125 g Hartweizengrieß · 2 Eier · Meersalz
4 Blatt Gelatine · 350 ml Milch · 100 g geriebener junger Pecorino
125 g geriebener alter Pecorino · Pfeffer aus der Mühle
frisch geriebene Muskatnuss
Für die Zitronenbutter und die kandierten Zitronenschalen:
1 unbehandelte Zitrone · 200 g Butter · Salz · 100 g Zucker
1 Stiel Zitronenverbene oder Minze
Außerdem:
Hartweizengrieß für die Arbeitsfläche · 1 Eiweiß zum Bestreichen
200 g Fave-Bohnenkerne (Saubohnen; blanchiert, aus den Häuten gedrückt)

1 Für den Nudelteig Mehl, Grieß, Eier und 1 Prise Salz zu einem glatten Teig verkneten. In Frischhaltefolie wickeln und 1 Stunde im Kühlschrank ruhen lassen.

2 Für die Füllung die Gelatine in kaltem Wasser einweichen. Die Milch aufkochen und vom Herd nehmen. Die beiden Pecorinosorten unterrühren und mit Salz, Pfeffer und Muskatnuss würzen. Die Gelatine ausdrücken und in der heißen Käsemilch auflösen. Die Flüssigkeit im Kühlschrank fest werden lassen.

3 Für die Zitronenbutter die Zitrone waschen, trocken reiben und die Schale mit dem Zestenreißer in Streifen abziehen. Die Zitrone auspressen. Die Butter erhitzen, 2 EL davon beiseitestellen. Die übrige Butter erhitzen, bis sie goldbraun ist. Durch ein feines Sieb gießen, mit dem Zitronensaft verrühren und mit Salz würzen. Den Zucker mit 100 ml Wasser in einen Topf geben und köcheln lassen, bis er sich aufgelöst hat. Die Zitronenstreifen hinzufügen und 10 Minuten mitköcheln. Die kandierten Zitronenschalen herausnehmen und auf Küchenpapier abtropfen lassen.

4 Den Nudelteig mithilfe der Nudelmaschine portionsweise dünn ausrollen. Die Hälfte der Teigplatten auf die mit Grieß bestreute Arbeitsfläche legen. Die Füllung mit einem Teelöffel im Abstand von 5 cm darauf verteilen (siehe Step 1). Die Zwischenräume mit verquirltem Eiweiß bestreichen (siehe Step 2). Die übrigen Nudelplatten darüberlegen, jeweils zwischen den Füllungen etwas andrücken und mit einem Ausstecher Kreise von 5 cm Durchmesser ausstechen (siehe Step 3). Die Ravioli in kochendem Salzwasser etwa 3 Minuten ziehen (nicht kochen!) lassen.

5 Die Bohnen in der beiseitegestellten Butter erwärmen. Die Zitronenbutter erhitzen. Die Zitronenverbene waschen, die Blätter abzupfen, fein schneiden und hineingeben. Die Ravioli mit dem Schaumlöffel herausheben und in der Zitronenbutter schwenken, mit den Bohnen und den kandierten Zitronenschalen anrichten.

Grundkurs Käse

Ricotta-Spinat-Nocken
mit Parmesansauce und Pfifferlingen

Zutaten für 4 Personen
Für die Nocken:
500 g Blattspinat
1 Schalotte · 1 Knoblauchzehe
1 EL Butter
Meersalz
Pfeffer aus der Mühle
50 g Toastbrot (ohne Rinde)
200 g Ricotta
20 g geriebener Parmesan
1 Ei · 1 Eigelb
frisch geriebene Muskatnuss
Für die Sauce:
1 Schalotte · 1 Knoblauchzehe
1 EL Butter
je 1 Zweig Rosmarin, Thymian
und Salbei
1 Lorbeerblatt
1/2 TL weiße Pfefferkörner
je 30 ml Weißwein und
Noilly Prat (franz. Wermut)
200 ml Hühnerfond (siehe S. 98
oder aus dem Glas)
100 g Sahne
60 g geriebener Parmesan
Meersalz · Pfeffer aus der Mühle
50 g geschlagene Sahne
Für die Pilze:
400 g Pfifferlinge
4 EL Butter
Meersalz · Pfeffer aus der Mühle
2 EL Schnittlauchröllchen

Zubereitungszeit:
ca. 2 Stunden

1   Für die Nocken den Spinat verlesen, waschen und gut abtropfen lassen. Die Schalotte und den Knoblauch schälen und in feine Würfel schneiden. Die Butter in einer Pfanne erhitzen und die Schalotte und den Knoblauch darin andünsten. Den Spinat dazugeben, zugedeckt zusammenfallen lassen und mit Salz und Pfeffer würzen. Den Spinat in ein Sieb geben und abtropfen lassen.

2   Das Toastbrot zerpflücken und im Blitzhacker fein zerbröseln. Den Ricotta mit den Brotbröseln, dem Parmesan, dem Ei und dem Eigelb verrühren. Die Masse mit Salz, Pfeffer und Muskatnuss würzen und kühl stellen.

3   Für die Sauce die Schalotte und den Knoblauch schälen und in feine Würfel schneiden. Die Butter in einem Topf erhitzen und die Schalotte und den Knoblauch darin andünsten. Die Kräuterzweige waschen und trocken schütteln, mit dem Lorbeerblatt und den Pfefferkörnern dazugeben und einige Minuten mitdünsten. Mit Wein und Noilly Prat ablöschen und fast vollständig einköcheln lassen. Den Fond dazugießen und etwa 5 Minuten offen köcheln lassen. Die flüssige Sahne hinzufügen und weitere 5 Minuten köcheln lassen. Die Sauce durch ein Sieb gießen und wieder in den Topf geben. Den Parmesan hinzufügen und schmelzen lassen. Die Sauce mit Salz und Pfeffer würzen.

4   Für die Pilze die Pfifferlinge putzen, vorsichtig abreiben und, falls nötig, waschen und gut abtropfen lassen (siehe S. 43).

5   In einem weiten Topf reichlich Salzwasser zum Kochen bringen. Den Spinat gut ausdrücken, fein hacken und unter die Ricottamasse heben. Mit Salz und Pfeffer abschmecken. Aus der Masse mit zwei angefeuchteten Esslöffeln Nocken abstechen, in das Salzwasser geben und offen bei schwacher Hitze etwa 10 Minuten gar ziehen lassen.

6   Die Butter erhitzen und die Pfifferlinge darin bei mittlerer Hitze etwa 5 Minuten rundum braten. Mit Salz und Pfeffer würzen und den Schnittlauch unterrühren.

7   Die Parmesansauce erhitzen, mit dem Stabmixer aufschäumen und dabei nach und nach die geschlagene Sahne dazugeben. Die Ricottanocken mit dem Schaumlöffel herausheben und mit der Sauce und den Pilzen anrichten.

Mein Tipp > Ricotta ist ein Frischkäse, der aus Molke hergestellt wird. In Italien kennt man viele unterschiedliche Sorten, von weich bis fest, von mild bis herzhaft. Bei uns gibt es vor allem den Ricotta fresca. Er ist weiß, cremig, kalorienarm und mild im Geschmack. Ich verwende ihn wie Quark.

Grundkurs Käse

Parmesan-Muffins
mit Parmaschinken

Zutaten für 24 Stück
20 g Parmaschinken
½ TL Fenchelsamen
125 g Mehl
½ Päckchen Backpulver
4 Eier · 90 ml Milch
90 ml Olivenöl
100 g geriebener Parmesan
1 TL fein gehackte Thymianblätter
und Rosmarinnadeln
Meersalz · Pfeffer aus der Mühle

Zubereitungszeit:
ca. 45 Minuten

1 Den Parmaschinken in sehr kleine Würfel schneiden. Die Fenchelsamen im Mörser fein zerdrücken. Den Backofen auf 180 °C vorheizen.

2 Das Mehl mit dem Backpulver mischen. Die Eier leicht verquirlen, mit der Milch und dem Olivenöl verrühren. Die Eiermischung zügig unter das Mehl rühren. Den Parmesan, den Parmaschinken, den Fenchel und die Kräuter unterheben. Mit Salz und Pfeffer würzen.

3 Die Mulden eines Mini-Muffinblechs mit kleinen Papiermanschetten auslegen oder nach Belieben mit etwas Butter einfetten. Die Mulden etwa zur Hälfte mit Teig füllen. Die Muffins im Backofen auf der mittleren Schiene etwa 20 Minuten goldbraun backen. Dann aus der Form lösen und abkühlen lassen.

Grundkurs Käse

Parmesan-Öhrchen
mit getrockneten Tomaten und Pimientos

Zutaten für ca. 80 Stück
3 Platten Blätterteig (tiefgekühlt)
1 Knoblauchzehe
100 g Pimientos (in Öl eingelegte, gegrillte Paprikaschoten)
20 g getrocknete Tomaten (in Öl eingelegt)
½ TL getrockneter Oregano
Meersalz · Pfeffer aus der Mühle
4 EL geriebener Parmesan

Zubereitungszeit: ca. 45 Minuten
Gefrierzeit: ca. 30 Minuten

1 Die Blätterteigplatten nebeneinander auf die Arbeitsfläche legen und etwa 10 Minuten antauen lassen.

2 Den Knoblauch schälen und in grobe Würfel schneiden. Die Pimientos und die Tomaten auf Küchenpapier abtropfen lassen und ebenfalls in grobe Würfel schneiden. Alles im Blitzhacker fein mixen. Den Oregano untermischen und die Paste mit Salz und Pfeffer würzen.

3 Die Blätterteigplatten aufeinanderlegen und mit dem Nudelholz zu einer etwa 40 x 30 cm großen Platte ausrollen. Die Paprika-Tomaten-Paste darauf verstreichen und gleichmäßig mit Parmesan bestreuen. Die Teigplatte von beiden Längsseiten jeweils bis zur Mitte einrollen. Die Doppelrolle in Frischhaltefolie wickeln und etwa 30 Minuten im Tiefkühlfach anfrieren lassen.

4 Den Backofen auf 200 °C vorheizen. Die Blätterteigrollen aus der Folie wickeln und mit einem scharfen Messer in 3 bis 4 mm dicke Scheiben schneiden. Die Teigscheiben auf ein mit Backpapier ausgelegtes Backblech verteilen und im Ofen auf der mittleren Schiene etwa 10 Minuten backen. Die Knusperöhrchen herausnehmen und abkühlen lassen.

Mein Tipp > Experimentieren Sie bei der Füllung der Knusperöhrchen nach Lust und Laune: Statt mit Paprikapaste können Sie den Blätterteig mit Tomaten-Pesto (siehe S. 14) oder Olivenpaste (aus dem Glas) bestreichen. Auch mit gehackten Nüssen und mediterranen Kräutern schmecken die Knusperöhrchen sehr gut.

EIER

Das Ei ist ein Alleskönner, denn es enthält zwei in der Küche unersetzliche Zutaten: Eigelb und Eiweiß. Und diese sorgen – mal gemeinsam, mal sorgfältig getrennt – für das Gelingen vieler Gerichte. Vor allem Naschkatzen haben dem Ei viele Genüsse zu verdanken: zarte Crêpes und leichte Soufflés, seidige Cremes, zartschmelzendes Eis und luftigen Biskuit. Liebhaber pikanter Speisen könnten nur schwer auf Pasta verzichten, auf Omelett oder den kleinen Klecks Mayonnaise. Ganz zu schweigen von einer frisch aufgeschlagenen Sauce hollandaise zu Spargel oder jungem Gemüse. Zugegeben, manchmal verlangt der Umgang mit Eiern etwas Fingerspitzenge-fühl. Aber mit meinen Rezepten und etwas Übung wer-den Sie garantiert schnell Erfolg haben.

Eier-Allerlei in Braun und Weiß

Das Hühnerei ist beim Kochen einfach unersetzlich: Eigelb bindet und festigt, es macht Saucen cremig und Teige geschmeidig. Zu Eischnee geschlagenes Eiweiß lockert und treibt, es sorgt für flaumiges Gebäck und luftige Cremes. Vor allem in der süßen Küche geht fast nichts ohne den Einsatz von Eiern.

Was der Stempel verrät

Eier sind sehr empfindlich und besonders anfällig für gesundheitsschädliche Keime. Deshalb gibt es strenge Richtlinien für den Handel: Beim Eierkauf sollten Sie vor allem auf Frische und Herkunft achten. Die Informationen dazu können Sie auf dem Ei selbst bzw. auf der Verpackung leicht erkennen. Der Stempel, den jedes Ei tragen muss, verrät vier Dinge: die Haltungsart (0 = Ökologische Erzeugung, 1 = Freilandhaltung, 2 = Bodenhaltung, 3 = Käfighaltung), das Herkunftsland (DE für Deutschland), das Bundesland (z. B. 01 für Schleswig-Holstein) und die vierstellige Stallnummer. Auf der Verpackung (bei lose verkauften Eiern auf einem Schild neben der Ware) steht das Mindesthaltbarkeitsdatum (maximal 28 Tage nach Legedatum) und das Datum, ab welchem das Ei in den Kühlschrank gehört. Außerdem sind hier die Eiergrößen angegeben: von S (klein, unter 53 g), über M (mittel, bis 63 g) und L (groß, bis 73 g) bis XL (sehr groß, über 73 g). Fürs Kochen und Backen kann die Größe der Eier eine wichtige Rolle spielen. Verwenden Sie für die Rezepte Eier der Größe M, falls es nicht anders angegeben ist.

Die richtige Herkunft

Für mich sind topfrische Bio-Eier aus der Region erste Wahl: Hier weiß ich, dass die Hühner in einer artgerechten Umgebung leben, erstklassiges Futter erhalten und die Transportwege kurz sind. Ein Ei mit brauner Schale und besonders gelbem Dotter muss übrigens nicht besser sein als ein weißes mit blassem Eigelb. Dies lässt nur Rückschlüsse auf die Hühnerrasse und den Karotingehalt des Futters zu, der auch bei Bio-Eiern je nach Jahreszeit schwankt. Bekommen die Tiere im Sommer viel Grünfutter, ist der Dotter gelber.

Grundkurs Eier

Eigelbe im Wasserbad schlagen

Für ein Wasserbad brauchen Sie eine Metallschüssel – am besten einen Schlagkessel mit abgerundetem Boden – und einen passenden Topf, in den man die Schüssel hängen kann, ohne dass sie den Boden berührt. Füllen Sie 5 bis 10 cm hoch Wasser in den Topf und bringen Sie es zum Kochen. Und so geht es weiter:

Die Eier trennen (siehe unten) und die Eigelbe in den Schlagkessel oder eine Metallschüssel geben.

Die Hitze reduzieren, sodass das Wasser nur noch leicht siedet, und den Schlagkessel darüberhängen.

Die Eigelbe mit dem Schneebesen oder dem elektrischen Handrührgerät dickcremig aufschlagen.

Eischnee richtig schlagen

Durch die Zugabe von Zucker bekommt Eischnee eine besondere Stabilität – wichtig für Cremes und Baisers. Achten Sie darauf, dass die Schüssel fettfrei ist. So gelingt der Eischnee dann perfekt:

Die Eier sorgfältig trennen (siehe unten). Die Eiweiße in eine Schüssel geben und etwas anschlagen.

Den Zucker langsam einrieseln lassen, dabei ständig weiterrühren, bis er sich aufgelöst hat.

Noch einige Minuten weiterschlagen, bis die Masse dickcremig und glänzend ist.

Der richtige Platz für Eier

Frische Eier müssen nicht von Anfang an in den Kühlschrank. Wenn Sie sie aber dort aufbewahren möchten, sollten Sie keinen Platz neben stark riechenden Lebensmitteln wählen. Der Grund: Weil die Eierschale porös ist, kann das Eigelb leicht Gerüche annehmen. Sind Trüffeln die Nachbarn, mag das vielleicht noch gewollt sein, bei Zwiebeln aber weniger. Damit das Eigelb schön in der Mitte bleibt, sollten Sie Eier mit der Spitze nach unten in den Eierkarton bzw. die Vertiefungen des Eierfachs stellen. Frische Eier haben beim Aufschlagen einen kugelförmig gewölbten Dotter und festes Eiweiß.

Eier trennen

Wenn einem Eigelb beim Verarbeiten noch etwas Eiweiß anhaftet, macht das nichts. Sind im Eiweiß aber noch Eigelbreste, lässt es sich nicht zu Schnee schlagen. Deshalb muss man die Eier dafür besonders sorgfältig trennen. Am besten stellen Sie zwei Tassen und eine Rührschüssel bereit und schlagen die Eier an dem Rand einer Tasse auf. Das Eiweiß lassen Sie dann in diese Tasse gleiten, das Eigelb in die zweite. Kontrollieren Sie genau, ob das Eiweiß wirklich frei von Eigelb ist. Falls ja, können Sie es jetzt in die Rührschüssel geben. Falls nicht, müssen Sie ein neues Ei aufschlagen.

Grundkurs Eier

Grundkurs Eier

Sauce hollandaise

Zutaten für ca. 300 ml

250 g Butter
1 Schalotte
4 weiße Pfefferkörner
1 EL Weißweinessig
100 ml Weißwein
4 Eigelb
Meersalz
1–2 TL Zitronensaft

Zubereitungszeit:
ca. 30 Minuten

1 Die Butter in einem Topf bei schwacher Hitze köcheln lassen, bis sich die weißen Eiweißpartikel am Boden abgesetzt haben und die Butter klar aussieht. Die Butter vorsichtig in einen anderen Topf gießen, dabei darauf achten, dass die Eiweißpartikel am Topfboden bleiben. Die geklärte Butter abkühlen lassen.

2 Die Schalotte schälen und in feine Würfel schneiden. Die Pfefferkörner im Mörser zerstoßen. Den Essig und den Wein mit den Schalotten und dem Pfeffer in einen kleinen Topf geben und auf etwa die Hälfte einköcheln lassen. Durch ein Sieb in eine runde Metallschüssel oder einen Schlagkessel gießen.

3 In einen Topf, auf den die Schüssel passt, 5 bis 10 cm hoch Wasser geben und aufkochen lassen. Dann die Hitze so weit reduzieren, dass das Wasser nur noch leicht siedet. Die Eigelbe zur Weinreduktion in die Metallschüssel geben. Die Schüssel in das Wasserbad hängen (der Boden sollte das Wasser nicht berühren) und die Eigelbe mit dem Schneebesen oder dem elektrischen Handrührgerät dickschaumig aufschlagen (siehe S. 185).

4 Die lauwarme geklärte Butter zuerst tropfenweise, dann in dünnem Strahl unter ständigem Rühren untermischen, bis die Masse dicklich wird (das dauert 5 bis 10 Minuten). Die Hollandaise mit Salz und Zitronensaft würzen und sofort servieren.

Variationen:

Für eine Limetten-Hollandaise die Sauce mit 3 bis 4 EL Limettensaft anstelle der Weinreduktion aufschlagen.

Für eine Sauce béarnaise 4 Estragonstiele in der Wein-Essig-Mischung mitkochen. Zum Schluss etwas fein geschnittenen Estragon unter die Sauce rühren.

Für eine Safran-Hollandaise 1 zerdrückte Knoblauchzehe und 1/2 TL Safranfäden in der Wein-Essig-Mischung mitkochen. Mit Cayennepfeffer abschmecken.

Mayonnaise

Zutaten für ca. 200 ml

1 Ei
1 TL Dijonsenf
100 ml Rapsöl
50 ml Olivenöl
Meersalz
Pfeffer aus der Mühle
etwas Zitronensaft

Zubereitungszeit:
ca. 15 Minuten

1 Das Ei und den Senf in einem Rührbecher mit dem Stabmixer aufschlagen.

2 Die beiden Ölsorten zuerst tropfenweise, dann in dünnem Strahl hinzufügen, dabei ständig mixen. Die Mayonnaise mit Salz, Pfeffer und Zitronensaft würzen.

Variationen:

Für eine Knoblauch-Mayonnaise (Aioli) 1 Knoblauchzehe schälen, in Würfel schneiden, mit einer Messerklinge zerdrücken und mit der Ei-Senf-Mischung mixen.

Für eine Koriander-Mayonnaise 1 EL Crème fraîche und 1 EL fein geschnittenen Koriander in die Mayonnaise geben, mit Limettensaft und Currypulver abschmecken.

Für eine Sauce tartare Schnittlauchröllchen, fein gehackte Cornichons und Kapern unter die fertige Mayonnaise rühren.

Grundkurs Eier

Selbst gemachte Tagliatelle
alla carbonara

Zutaten für 4 Personen
Für die Nudeln:
150 g Mehl
250 g Hartweizengrieß
4 Eier
Meersalz
Hartweizengrieß und Mehl
zum Verarbeiten
Für die Sauce:
1 Schalotte
1 Knoblauchzehe
120 g Pancetta
(ital. Schweinebauch) oder
milder durchwachsener Speck
2 EL Butter
6 Eigelb
Fleur de Sel
Pfeffer aus der Mühle
je 50 g geriebener Pecorino
und Parmesan
2–3 Stiele Petersilie

Zubereitungszeit:
ca. 1 Stunde
Kühlzeit: mind. 1 Stunde

1 Für die Nudeln das Mehl auf die Arbeitsfläche sieben, mit dem Grieß mischen und in die Mitte eine Mulde drücken. Die Eier aufschlagen, in die Mulde geben und 1 Prise Salz hinzufügen. Die Zutaten mit den Händen zu einem glatten, geschmeidigen Teig kneten. Den Teig zu einer Kugel formen, in Frischhaltefolie wickeln und mindestens 1 Stunde kühl stellen.

2 Den Nudelteig mit einem Messer halbieren. Die Portionen mit Grieß bestreuen und mithilfe der Nudelmaschine zu dünnen Bahnen ausrollen. Die Bahnen aufrollen und mit einem Messer in Streifen schneiden. Die Teigstreifen (Tagliatelle) als lockere kleine Nester auf ein mit Grieß bestreutes Backpapier legen.

3 Für die Sauce die Schalotte und den Knoblauch schälen und in feine Würfel schneiden. Die Pancetta in kleine Würfel schneiden. In einem weiten Topf oder einer Pfanne mit hohem Rand die Butter erhitzen und die Pancettawürfel darin knusprig braten. Die Schalotten und den Knoblauch hinzufügen und andünsten.

4 Die Eigelbe in einer Schüssel verquirlen. Mit etwas Fleur de Sel und reichlich Pfeffer würzen und beide Käsesorten unterrühren. Die Petersilie waschen und trocken schütteln, die Blätter abzupfen, fein schneiden und unter die Eier-Käse-Mischung rühren.

5 In einem großen Topf reichlich Salzwasser zum Kochen bringen. Die Tagliatelle darin etwa 4 Minuten bissfest garen, in ein Sieb abgießen und nur kurz abtropfen lassen, dabei etwas Kochwasser auffangen. Die Tagliatelle tropfnass zu den Speckwürfeln in die Pfanne oder den Topf geben, eventuell etwas Kochwasser hinzufügen. Den Topf vom Herd nehmen, die Eiermischung dazugeben und alles schnell und gründlich mischen (die Eiermischung darf nicht stocken). Die Tagliatelle mit Fleur de Sel und Pfeffer abschmecken, auf Tellern anrichten und nach Belieben mit klein gezupften Petersilienblättern garnieren.

Mein Tipp > Am besten gelingt selbst gemachte Pasta mit italienischem Nudelgrieß aus Hartweizen, dem »Semola di grano duro«. Es gibt ihn in italienischen Feinkostläden. Als Ersatz können Sie handelsüblichen Hartweizengrieß verwenden.

Grundkurs Eier

Gefülltes Omelett
mit vier Käsesorten

Zutaten für 4 Personen
Für das Omelett:
6 Eier
100 ml Milch
3 EL geriebener Parmesan
Meersalz
Pfeffer aus der Mühle
2 EL Butter
Für die Füllung:
50 g Büffel-Mozzarella
50 g Fontina oder Butterkäse
50 g Bergkäse

Zubereitungszeit:
ca. 15 Minuten

1   Für das Omelett die Eier mit der Milch verquirlen. Den Parmesan unterrühren und die Eiermasse mit Salz und Pfeffer würzen.

2   Für die Füllung den abgetropften Mozzarella, den Fontina und den Bergkäse in kleine Würfel schneiden.

3   Die Butter in einer beschichteten Pfanne erhitzen. Die Eiermasse hineingeben und bei mittlerer Hitze auf der Unterseite stocken lassen (die Oberseite sollte noch weich sein).

4   Die Käsewürfel auf einer Hälfte des Omeletts verteilen und die andere Hälfte darüberklappen. Die Pfanne vom Herd nehmen und das Omelett zugedeckt ziehen lassen, bis der Käse geschmolzen ist. Nach Belieben mit fein geschnittenen Frühlingszwiebeln oder Schnittlauchröllchen bestreuen.

Variationen:

Für ein Pilzomelett 300 g braune Champignons putzen und vierteln. In einer Pfanne 2 EL Butter erhitzen und die Pilze darin einige Minuten braten. Mit Salz und Pfeffer würzen und 2 EL Schnittlauchröllchen unterrühren. Die Pilzmischung auf einen Teller geben und beiseitestellen. Das Omelett wie oben beschrieben zubereiten und anstelle der Käsewürfel die Pilze darauf verteilen. Das Omelett zusammenklappen und zugedeckt ziehen lassen.

Für ein Erbsenomelett 150 g aufgetaute Tiefkühl-Erbsen, 2 in Würfel geschnittene Tomaten und 1/2 TL Thymianblättchen in Butter dünsten und mit Salz und Pfeffer würzen. Das Omelett wie oben beschrieben zubereiten und anstelle der Käsewürfel die Erbsenmischung darauf verteilen. Das Omelett zusammenklappen und zugedeckt ziehen lassen.

Mein Tipp > Für Omeletts und Pfannkuchen benutze ich auch gern eine beschichtete Crêpespfanne. Sie leitet die Hitze sehr gut und hat einen niedrigen, leicht ausgestellten Rand, über den das Omelett ganz leicht auf den Teller gleiten kann.

Grundkurs Eier

Flambierte Crêpes
mit Orangen-Mascarpone

Zubereitungszeit:
ca. 1 Stunde

Zutaten für 4 Personen
Für die Crêpes: 50 g Mehl · 1 Ei · 1/8 l Milch · 1 EL zerlassene Butter · Salz
Außerdem: 1 unbehandelte Orange · 125 g Mascarpone · 4 EL Zucker
5 EL Orangenlikör (z. B. Grand Marnier) · 100 g Sahne · 2 EL Butter

1 Für die Crêpes das Mehl mit dem Ei, der Milch, der Butter und 1 Prise Salz in eine Schüssel geben und mit dem Schneebesen oder dem elektrischen Handrührgerät glatt rühren. Den Teig etwa 15 Minuten quellen lassen.

2 Die Orange waschen und trocken reiben, die Schale dünn abreiben und beiseitestellen. Die Orange so großzügig schälen, dass auch die weiße Haut mit entfernt wird. Mit einem scharfen Messer die Orangenfilets zwischen den weißen Trennwänden herauslösen (siehe S. 92), dabei den austretenden Saft auffangen. Die Orangenreste gut ausdrücken.

3 Den Mascarpone mit 2 EL Zucker, 1 EL Likör, der Orangenschale und dem aufgefangenen Orangensaft glatt rühren. Die Sahne steif schlagen und unter die Mascarponecreme ziehen.

4 In einer beschichteten Pfanne oder Crêpespfanne (etwa 26 cm Durchmesser) 1/2 TL Butter erhitzen und ein Viertel des Teigs hineingeben. Sofort durch Schwenken der Pfanne gleichmäßig verteilen (siehe Step 1) und auf der Unterseite goldbraun backen. Vorsichtig wenden (siehe Tipp). Die andere Seite fertig backen und die Crêpes auf einen Teller gleiten lassen. Weitere 3 Crêpes ebenso zubereiten und abkühlen lassen.

5 Den Backofengrill vorheizen. Eine ofenfeste Form mit der restlichen Butter einfetten. Die Crêpes jeweils auf einen Teller legen. Auf jeder Crêpe auf einer Hälfte ein Viertel der Creme und der Orangenfilets verteilen, die andere Hälfte darüberklappen (siehe Step 2). Die gefüllten Crêpes nochmals zusammenklappen und in die Form geben.

6 Die Crêpes mit dem restlichen Zucker bestreuen und im Ofen auf der mittleren Schiene einige Minuten karamellisieren. Herausnehmen, mit dem übrigen Likör beträufeln und flambieren (siehe Step 3). Die Crêpes sofort servieren.

Mein Tipp > Beim Wenden mit einem Pfannenwender oder Holzspatel reißen die dünnen Crêpes leicht ein. Auf Nummer sicher gehen Sie, wenn Sie die Crêpes auf einen großen flachen Topfdeckel oder Teller gleiten lassen und von dort in die Pfanne stürzen.

Grundkurs Eier

Zabaione
mit Pekannuss-Karamell-Äpfeln

Zutaten für 4 Personen
Für die Pekannuss-Karamell-Äpfel:
30 g Pekannüsse
4 säuerliche Äpfel (à ca. 150 g)
4 EL brauner Zucker
2 EL Calvados (franz. Apfelbrand)
100 ml Apfelsaft
Für die Zabaione:
3 Eigelb
40 g Zucker
100 ml Vin Santo (ital. Süßwein)
oder Marsala bzw. Moscato

Zubereitungszeit:
ca. 1 Stunde

1 Für die Pekannuss-Karamell-Äpfel die Pekannüsse grob hacken und in einer beschichteten Pfanne ohne Fett anrösten. Herausnehmen und beiseitestellen. Die Äpfel vierteln, schälen und das Kerngehäuse entfernen. Den Zucker in einer Pfanne schmelzen und goldgelb karamellisieren. Mit Calvados und Apfelsaft ablöschen. Die Äpfel und die Nüsse hinzufügen und etwa 5 Minuten köcheln lassen.

2 Für die Zabaione in einem Topf 5 bis 10 cm hoch Wasser geben und aufkochen lassen. Dann die Hitze so weit reduzieren, dass das Wasser nur noch leicht siedet. Die Eigelbe, den Zucker und den Vin Santo in eine auf den Topf passende Metallschüssel geben. Die Schüssel auf den Topf setzen (sie sollte das Wasser nicht berühren) und die Eigelbmasse mit dem Schneebesen oder dem elektrischen Handrührgerät aufschlagen, bis die Masse dickschaumig ist (siehe S. 185). Die Zabaione vom Wasserbad nehmen.

3 Die Äpfel auf Dessertteller verteilen, mit dem Karamell beträufeln und die lauwarme Zabaione darübergeben.

Variationen:

Für eine Zabaione mit Amarettini 2 bis 3 EL Vin Santo durch Amaretto ersetzen. Die Zabaione mit in Portwein gedünsteten Kirschen oder Zwetschgen anrichten und mit Amarettini bestreuen.

Für eine Zabaione mit Orange oder Pfirsich die Filets von 1 bis 2 Orangen und 2 in Spalten geschnittene Pfirsiche mit etwas Zucker und Orangensaft marinieren. 3 bis 4 EL Vin Santo durch Orangenlikör (z. B. Grand Marnier) ersetzen und die Zabaione mit etwas abgeriebener unbehandelter Orangenschale aromatisieren. Die Orangen- und Pfirsichspalten mit der Zabaione anrichten.

Wenn Kinder mitessen, können Sie den Likör oder Vin Santo jeweils durch einen farblich passenden Fruchtsaft ersetzen.

Mein Tipp > Vin Santo ist ein feiner bernsteinfarbener Dessertwein aus der Toskana. Man serviert ihn dort gerne zum Abschluss eines Menüs zusammen mit Cantuccini, einem typischen Mandelgebäck. Hervorragend schmeckt Vin Santo aber auch zu würzigem Käse.

Grundkurs Eier

Crème brûlée
mit Vanille

Zubereitungszeit:
ca. 1 Stunde
Kühlzeit: ca. 4 Stunden

Zutaten für 4 Personen
1 Vanilleschote · 1/8 l Milch · 375 g Sahne · 80 g Zucker · 5 Eigelb
4–6 EL brauner Zucker zum Gratinieren

1 Die Vanilleschote längs halbieren und das Mark mit einem spitzen Messer herauskratzen. Die Milch mit Vanillemark und -schote in einen Topf geben und aufkochen lassen. Vom Herd nehmen und einige Minuten ziehen lassen. Den Backofen auf 120 °C vorheizen.

2 Die Vanilleschote herausnehmen. Die Sahne, den Zucker und die Eigelbe in einer Schüssel leicht verrühren, in die Milch geben und alles mit dem Kochlöffel verrühren (nicht schaumig rühren!), bis sich der Zucker aufgelöst hat. Die Eiersahne durch ein feines Sieb gießen und in vier ofenfeste Förmchen oder Schälchen (à 200 ml Inhalt) füllen.

3 Die Förmchen in eine ofenfeste Form oder einen Bräter stellen. So viel heißes Wasser angießen, dass die Förmchen zu etwa zwei Dritteln im Wasser stehen (siehe Step 1). Die Creme im Backofen auf der 2. Schiene von unten etwa 45 bis 60 Minuten stocken lassen. Dann aus dem Wasserbad nehmen, abkühlen lassen und etwa 4 Stunden in den Kühlschrank stellen.

4 Den braunen Zucker mit dem Blitzhacker etwas feiner mahlen. Die Oberfläche der Creme mit braunem Zucker bestreuen (siehe Step 2) und mit einem Flambierbrenner (aus dem Küchenfachgeschäft oder aus dem Baumarkt) gleichmäßig goldbraun karamellisieren (siehe Step 3).

Variationen:

Für eine Cafè-Crème-brûlée die Milch mit 100 g Espressobohnen aufkochen, 30 Minuten ziehen lassen und durch ein Sieb gießen.

Für eine Gewürz-Crème-brûlée die Milch mit je 1 TL zerstoßenen Kardamomsamen und Pimentkörnern sowie 1 Zimtstange aufkochen, 30 Minuten ziehen lassen und durch ein Sieb gießen.

Mein Tipp > Wie schnell eine Crème brûlée stockt, hängt nicht nur von der Hitze des Ofens ab, sondern auch von der Form, in der die Eiersahne gegart wird. In hohen, schmalen Formen dauert es etwas länger, in flachen, weiten Schälchen kann es schneller gehen. Testen Sie deshalb die Konsistenz der Creme gegen Ende der Garzeit mit einem kleinen, spitzen Messer.

Grundkurs Eier

Mandelparfait
mit Amaretto und Marsala

Zutaten für 8–10 Personen
200 g Amarettini
(ital. Mandelkekse)
40 ml Marsala oder Vin Santo
(ital. Süßwein)
7 Eigelb
120 g Puderzucker
Mark von 1 Vanilleschote
6 EL Amaretto
(ital. Mandellikör)
500 g Sahne

Zubereitungszeit:
ca. 1 Stunde
Gefrierzeit: über Nacht

1 Am Vortag die Amarettini in einen Gefrierbeutel geben und mit dem Nudelholz grob zerbröseln. 50 g Amarettibrösel abnehmen, mit dem Marsala beträufeln und beiseitestellen.

2 In einem Topf etwas Wasser aufkochen und die Hitze so weit reduzieren, dass das Wasser nur noch leicht siedet. Die Eigelbe, den Puderzucker und das Vanillemark in eine auf den Topf passende Metallschüssel geben. Die Schüssel auf den Topf setzen (der Boden sollte das Wasser nicht berühren) und die Eiermasse mit dem Schneebesen oder dem elektrischen Handrührgerät aufschlagen, bis sie dickschaumig ist (siehe S. 185).

3 Die Schüssel vom Wasserbad nehmen und die Masse weiterschlagen, bis sie kalt ist. Die eingeweichten Amarettini und den Amaretto unterrühren. Die Sahne steif schlagen und ein Drittel unter die Masse rühren. Den Rest portionsweise mit dem Teigschaber unterheben.

4 Eine Pieform (mindestens 1 1/2 l Inhalt) oder eine Kastenform (30 cm lang) mit Frischhaltefolie auslegen. Die Hälfte der Parfaitmasse in die Form füllen, die restlichen Amarettinibrösel hineingeben und die übrige Parfaitmasse daraufgeben. Einen Löffelstiel spiralförmig durch die Masse ziehen, sodass sich die Brösel etwas verteilen. Das Parfait im Tiefkühlfach über Nacht gefrieren lassen.

5 Am nächsten Tag das Parfait etwa 20 Minuten vor dem Servieren aus dem Tiefkühlfach nehmen, auf eine Platte stürzen und die Frischhaltefolie abziehen. In Stücke schneiden und nach Belieben mit marinierten Beeren anrichten.

Variationen:

Für ein Vanilleparfait die Amarettini und den Alkohol weglassen. Das Mark von 2 Vanilleschoten mit den Eigelben und dem Puderzucker aufschlagen. Die Sahne unterziehen, die Masse in die Form füllen und im Tiefkühlfach gefrieren lassen.

Für ein Zitronenparfait die Amarettini und den Alkohol weglassen. Die Eigelbe mit 200 g Puderzucker aufschlagen. Zum Schluss 150 ml Zitronensaft und die abgeriebene Schale von 2 unbehandelten Zitronen unterrühren. Die Sahne unterziehen, die Masse in die Form füllen und im Tiefkühlfach gefrieren lassen.

Für ein Erdbeerparfait die Amarettini und den Alkohol weglassen. 400 g Erdbeeren mit 3 EL Puderzucker pürieren und unter die schaumig geschlagene Eiermasse heben. Die Sahne unterziehen, die Masse in die Form füllen und im Tiefkühlfach gefrieren lassen.

SCHOKOLADE

Das selige Lächeln eines Menschen, der gerade ein
Stück Schokolade im Mund zergehen lässt, verrät es
schon: Schokolade macht glücklich! Aber Schokolade
ist nicht nur zum Naschen da – sie spielt auch beim
Kochen eine wichtige Rolle, vor allem in der süßen
Küche. Natürlich verwende ich Schokolade auch ab
und zu für Pikantes, aber in Desserts und Gebäck
ist sie für mich unschlagbar. Auf den nächsten Seiten
zeige ich Ihnen, wie Sie ohne großen Aufwand eine
klassische Schokoladenmousse, einen traumhaften
Schokoladenkuchen oder saftige Schokoladen-Biscotti
zubereiten. Und sich so jederzeit ein süßes Stück vom
Glück herbeizaubern können.

Zartschmelzende Verführung

Vollmilch, bitter, weiß – so einfach sah die Welt von Schokofans noch vor ein paar Jahren aus. Heute tauschen sie sich mühelos über Kakaogehalt, Plantagenkakao und Herkunftsbezeichnung aus, edle Schoko-Shops eröffnen reihenweise. Was ist passiert? Schokolade hat den Karrieresprung von der simplen Süßigkeit zum Luxusprodukt geschafft. Ein Beweis dafür, dass guter Geschmack überzeugt.

Vorzugsweise hochprozentig

Auch wenn ich gern mal eine zartschmelzende Milchschokolade nasche, beim Kochen und Backen spielen Bitterschokolade und -kuvertüre die Hauptrolle. Kuvertüre ist etwas fetthaltiger und deshalb nach dem Schmelzen dünnflüssiger als Tafelschokolade. Sie wird vor allem für Füllungen und Überzüge verwendet. Bitterschokolade, auch Zartbitter-, Edelbitter- oder Herrenschokolade genannt, ist Schokolade mit einem Kakaoanteil ab etwa 60 %. Es gibt sogar Sorten mit 90 % und mehr. Je höher der Kakaoanteil, desto herber der Geschmack und desto höher auch der Fettgehalt. Deshalb sorgen Bitterschokolade und -kuvertüre nicht nur für ein intensives Schokoaroma in Kuchen und Desserts, sondern auch für die Standfestigkeit von Mousse und Cremes.

Exotische Herkunft

Kakao wird in tropischem Klima angebaut, vor allem in Mittelamerika, Westafrika und Indonesien. Die wichtigsten Sorten sind Criollo, Trinitario und Forastero. Criollo ist die edelste, aber auch seltenste und teuerste Sorte; der robuste und ergiebige Forastero wird am häufigsten angebaut und verarbeitet. Exklusive Schokoladenhersteller geben immer öfter die verwendete Kakaosorte und/oder die Herkunftsregion an. Bewahren Sie Schokolade trocken und kühl auf, ideal sind 12 bis 20 °C. Vermeiden Sie allzu große Temperaturschwankungen, wickeln Sie sie gut in Folie ein oder packen Sie sie in luftdichte Behälter. So lässt sich Schokolade ohne Qualitätsverlust bis zu 1 Jahr lagern. Weil Schokolade leicht Gerüche annimmt, sollte man sie niemals längere Zeit neben stark riechenden Lebensmitteln aufbewahren.

Grundkurs Schokolade

Kuvertüre schmelzen

Kuvertüre schmelzen ist ganz einfach, wenn man die wichtigste Regel beachtet: schwache Hitze. Wird Kuvertüre zu heiß, setzt sich Fett ab, und der Schokoüberzug hat nach dem Erkalten einen Grauschleier. So gelingt es garantiert:

Die Kuvertüre mit einem großen, stabilen Messer in gleichmäßig große Stückchen hacken.

Zwei Drittel der Kuvertüre in eine Metallschüssel geben und in einem heißen (nicht kochenden) Wasserbad schmelzen lassen.

Das Wasserbad vom Herd nehmen, die restliche Kuvertüre unterrühren und schmelzen lassen.

Dekoratives aus Schokolade

Eine liebevolle Dekoration ist für Desserts besonders wichtig. Aus geschmolzener Kuvertüre können Sie ganz leicht die verschiedensten Schokoladenornamente herstellen. Hier sind drei Variationen:

Röllchen und Späne: Die Kuvertüre dünn auf eine glatte Fläche streichen, fast fest werden lassen und mit einem Spatel Röllchen, Fächer oder Späne zusammenschieben.

Blätter: Essbare Blätter (z. B. Lorbeer) mit einer Seite in Kuvertüre tauchen, auf Backpapier fest werden lassen und die Blätter vorsichtig abziehen.

Gitter: Kuvertüre in einen Gefrierbeutel oder Einwegspritzbeutel füllen und eine Spitze abschneiden. Gittermuster auf Backpapier spritzen, erkalten lassen und abziehen.

Das besondere Etwas

Neben den Bitterschokoladen mit unterschiedlich hohen Kakaoanteilen erleben auch Sorten mit Gewürzen und Aromen wie Chili, Zimt, Ingwer oder Orange einen wahren Boom. Natürlich können Sie diese Schokoladen ebenfalls zum Kochen und Backen verwenden, sofern es sich nicht um gefüllte Sorten handelt. Manchmal werden edlen Schokoladen auch winzige Kakaobohnensplitter zugesetzt; das hat zwar einen schönen Knuspereffekt beim Naschen, in Cremes oder Getränken wirkt es aber möglicherweise irritierend.

Kuvertüre-Minis

Im Supermarkt wird Kuvertüre meist als Block oder Tafel angeboten. Damit sie gleichmäßig schmilzt, muss sie vorher klein gehackt werden. Jetzt findet man immer öfter, was Profis schon länger lieben: Kuvertüre in Plättchenform, sogenannte Chips, Drops oder Callets. Damit lässt sich die Kuvertüre einfach portionieren, außerdem schmilzt sie gleichmäßig. Kuvertüre sollten Sie übrigens nicht mit der preiswerteren Schoko-Kuchenglasur verwechseln. Diese enthält mehr Fett, aber deutlich weniger Kakao und schmeckt auch bei Weitem nicht so schokoladig.

Grundkurs Schokolade

Schokoladenmousse
mit Orangenfilets und Minze

Zutaten für 4–6 Personen
Für die Mousse:
200 g Zartbitterkuvertüre
4 sehr frische Eigelb
40 g Puderzucker
2 sehr frische Eiweiß
20 g Zucker
300 g Sahne
Für die Orangenfilets:
2 Orangen
3 EL Orangenlikör
(z. B. Grand Marnier)
2 Minzeblätter

Zubereitungszeit:
ca. 30 Minuten
Kühlzeit: mind. 6 Stunden
oder über Nacht

1   Für die Mousse die Kuvertüre klein hacken, in eine Metallschüssel geben und im Wasserbad schmelzen (siehe S. 203). Lauwarm abkühlen lassen.

2   Die Eigelbe und den Puderzucker in eine Rührschüssel geben und mit dem elektrischen Handrührgerät hellgelb und cremig aufschlagen. Die lauwarme geschmolzene Kuvertüre unter Rühren in dünnem Strahl dazulaufen lassen.

3   Die Eiweiße mit dem elektrischen Handrührgerät halb steif schlagen (siehe S. 185), den Zucker einrieseln lassen und die Eiweiße zu einem festen, glänzenden Schnee schlagen. Etwa ein Drittel des Eischnees unter die Eigelb-Schoko-Masse rühren, den restlichen Eischnee unterheben.

4   Die Sahne steif schlagen und ebenfalls unter die Eigelb-Schoko-Masse heben. Die Mousse in eine Schüssel füllen und zugedeckt mindestens 6 Stunden oder über Nacht kühl stellen.

5   Für die Orangenfilets die Orangen so dick schälen, dass auch die weiße Haut mit entfernt wird (siehe S. 92). Die Fruchtfilets mit einem scharfen Messer aus den Trennhäuten schneiden und den dabei austretenden Saft auffangen. Die Fruchtreste ausdrücken. Den Orangensaft mit dem Likör mischen, die Filets hineingeben und etwa 15 Minuten ziehen lassen. Die Minzeblätter sehr fein schneiden.

6   Einen Esslöffel in heißes Wasser tauchen und damit von der Mousse Nocken abstechen. Die Schokoladennocken mit den Orangenspalten anrichten und nach Belieben mit Schokoladenspänen (siehe S. 203) garnieren.

Variationen:

Für eine Cafémousse 50 ml lauwarmen doppelt stark gekochten Espresso unter die Eigelb-Schoko-Masse rühren.

Für eine Amarettomousse 3 EL Amaretto unter die Eigelb-Schoko-Masse rühren und mit der Schlagsahne 2 Handvoll grob zerdrückte Amarettini unterheben.

Mein Tipp > Die Form der Nocken hängt von der Form des Löffels ab, den Sie zum Abstechen verwenden. Besonders schöne Nocken erhält man mit einem großen, länglichen Suppenlöffel, der vorne leicht spitz zuläuft. Solche Löffel gab es vor allem in Silberbestecken Anfang des letzten Jahrhunderts. Halten Sie auf Flohmärkten und in Trödelläden danach Ausschau.

Grundkurs Schokolade

Schokoladen-Koriander-Eis
mit Portweinzwetschgen

Zutaten für 6 Personen
Für das Eis:
40 g Korianderkörner
900 ml Milch · 100 g Sahne
150 g Zucker
250 g Zartbitterkuvertüre
Für die Zwetschgen:
500 g Zwetschgen · 5 EL Zucker
1 Zimtstange
100 ml roter Portwein
1/4 l Rotwein · 1 TL Speisestärke

Zubereitungszeit: ca. 1 Stunde
Kühl- und Gefrierzeit:
ca. 2 Stunden

1 Die Korianderkörner in einer beschichteten Pfanne ohne Fett anrösten, bis sie knistern und duften. Mit Milch und Sahne ablöschen. Den Zucker unterrühren und alles aufkochen. Die Pfanne vom Herd nehmen. Die Kuvertüre klein hacken und im Wasserbad schmelzen (siehe S. 203). Die flüssige Kuvertüre unter die Milch-Sahne-Mischung rühren. Alles durch ein Sieb gießen, abkühlen lassen und in der Eismaschine gefrieren lassen.

2 Für die Portweinzwetschgen die Zwetschgen waschen, halbieren und entsteinen. Den Zucker in einem Topf karamellisieren, die Zwetschgen und die Zimtstange hinzufügen, mit Port- und Rotwein und ablöschen und aufkochen. Die in wenig Wasser glatt gerührte Speisestärke dazugeben und die Zwetschgenmischung aufkochen lassen. Die Zimtstange entfernen und die Zwetschgen abkühlen lassen.

3 Aus dem Eis mit einem Eisportionierer Kugeln formen oder mit einem Esslöffel Nocken abstechen. Das Eis mit den Portweinzwetschgen anrichten.

Grundkurs Schokolade

Schokoladensorbet
mit Kumquatkompott

Zutaten für 4–6 Personen
120 g Zartbitterkuvertüre
100 ml Milch
150 g Zucker
1 Vanilleschote
Für das Kumquatkompott:
200 g Kumquats
3 EL Zucker
3 Scheiben Ingwer
1/4 l Orangensaft

Zubereitungszeit: ca. 1 Stunde
Kühl- und Gefrierzeit: ca. 3 Stunden

1 Die Kuvertüre klein hacken und beiseitestellen. In einem Topf 400 ml Wasser, die Milch und den Zucker verrühren. Die Vanilleschote der Länge nach aufschneiden und das Mark mit einem spitzen Messer herauskratzen. Das Mark und die Schote ebenfalls in den Topf geben und die Mischung unter Rühren zum Kochen bringen. Wenn sich der Zucker aufgelöst hat, den Topf vom Herd nehmen und die Vanilleschote entfernen.

2 Die Kuvertüre nach und nach in die Vanillemilch geben und unter Rühren schmelzen. Die Schokoladenmasse abkühlen lassen, in die Eismaschine füllen und gefrieren lassen (siehe Tipp).

3 Für das Kumquatkompott die Kumquats waschen und halbieren. Den Zucker in einen Topf geben und karamellisieren. Die Kumquats und den Ingwer dazugeben. Mit Orangensaft ablöschen und alles 5 Minuten köcheln lassen. Den Ingwer entfernen und das Kompott nach Belieben mit 1 bis 2 EL Orangenlikör (z. B. Grand Marnier) und etwas Zucker abschmecken. Das Kumquatkompott abkühlen lassen.

4 Aus dem Sorbet mit einem Eisportionierer Kugeln formen oder mit einem Esslöffel Nocken abstechen. Das Sorbet mit dem Kumquatkompott anrichten und nach Belieben mit Minzeblättern garnieren.

Mein Tipp > Wenn Sie keine Eismaschine haben, geben Sie die Sorbetmasse in einer Metallschüssel mehrere Stunden in das Tiefkühlfach. Damit das Sorbet nicht zu grobkörnig wird und gleichmäßg gefriert, sollten Sie es etwa alle 30 Minuten durchrühren und die Eiskristalle mit einem Teigschaber vom Schüsselrand lösen.

Grundkurs Schokolade

Gebackene Cannelloni
mit Schokoladenfüllung

Zubereitungszeit:
ca. 1 Stunde
Kühlzeit: über Nacht

Zutaten für 4 Personen
40 g Zucker · 200 ml Milch · 130 g Sahne
2 EL flüssiger Honig · 300 g Zartbitterkuvertüre
12 Blatt Frühlingsrollenteig (tiefgekühlt, ca. 20 x 20 cm; siehe Tipp)
1 Eigelb · ca. 1 l Öl zum Frittieren

1 Am Vortag den Zucker mit 2 EL Wasser in einen kleinen Topf geben und unter Rühren erhitzen, bis sich der Zucker aufgelöst hat und die Flüssigkeit goldbraun und dicklich ist. Den Karamell mit Milch und Sahne ablöschen und den Honig unterrühren. Die Karamellmilch so lange köcheln lassen, bis sie glatt ist. Den Topf vom Herd nehmen.

2 Die Kuvertüre klein hacken und in eine Schüssel geben. Die heiße Karamellmilch darübergießen und die Kuvertüre unter Rühren schmelzen. Die Masse abkühlen lassen und über Nacht kühl stellen.

3 Am nächsten Tag den Frühlingsrollenteig in der Verpackung aus dem Tiefkühlfach nehmen und etwa 10 Minuten antauen lassen. Die Schokoladencreme in einen Spritzbeutel mit großer Lochtülle (etwa 1 cm Durchmesser) geben. Die Teigblätter portionsweise nebeneinander auf die Arbeitsfläche legen (den restlichen Teig wieder einfrieren). Die Teigränder mit verrührtem Eigelb bestreichen. Je 1 Streifen Schokocreme parallel zum unteren bestrichenen Rand auf die Teigblätter spritzen, dabei an den Seiten den bestrichenen Rand ebenfalls frei lassen (siehe Step 1). Die Seiten der Teigblätter nach innen einschlagen (damit die Füllung beim Frittieren nicht herausläuft) und die Teigblätter von der Seite mit der Füllung her aufrollen (siehe Step 2). Die Schokoröllchen mit Frischhaltefolie bedecken.

4 Das Öl in der Fritteuse oder im Wok erhitzen. Es hat die richtige Temperatur, wenn an einem hineingehaltenen Kochlöffelstiel kleine Bläschen aufsteigen. Die Schokoladen-Cannelloni portionsweise in das heiße Öl geben und goldbraun und knusprig frittieren. Mit dem Schaumlöffel herausheben und auf Küchenpapier abtropfen lassen. Die warmen Schokoladen-Cannelloni nach Belieben mit frischen Beeren und Fruchtmark anrichten und mit Puderzucker bestäuben.

Mein Tipp > Eine Packung Frühlingsrollenteig (aus dem Asienladen) enthält mehr Teigblätter, als Sie für die gebackenen Cannelloni brauchen. Wenn Sie die Blätter in der Verpackung lassen, können Sie den Rest später einfach wieder einfrieren. Entnehmen Sie nur so viele Teigblätter, wie Sie verarbeiten können, denn sie trocknen schnell aus und lassen sich dann nicht mehr gut formen.

Grundkurs Schokolade

Piemontesischer Schokoladen-Bonet
mit Amarettini

Zubereitungszeit:
ca. 1 1/2 Stunden

Zutaten für 4 Personen
60 g Amarettini (ital. Mandelkekse)
60 g Zartbitterschokolade oder 3 EL Kakaopulver
1/2 l Milch · 2 Eier · 2 Eigelb · 160 g Zucker

1 Die Amarettini in einen Gefrierbeutel geben und mit einem Nudelholz fein zerbröseln. Die Schokolade klein hacken.

2 Die Milch in einem Topf aufkochen lassen und vom Herd nehmen. Die Schokolade hinzufügen und in der Milch schmelzen. Die Amarettinibrösel unterrühren. Die Eier, die Eigelbe und 60 g Zucker in einer Schüssel mit dem elektrischen Handrührgerät hellgelb und schaumig aufschlagen. Die heiße Schokomilch in dünnem Strahl unter Rühren dazugeben. Nach Belieben 2 EL braunen Rum hinzufügen. Die Schoko-Amarettini-Mischung durch ein feines Sieb gießen.

3 Den restlichen Zucker mit 2 EL Wasser in einem Topf verrühren und zum Kochen bringen. Den Zuckersirup zu goldbraunem Karamell köcheln lassen. Den Karamell in vier ofenfeste Portionsförmchen (à 200 ml Inhalt) oder in eine große ofenfeste Form (1 l Inhalt) gießen (siehe Step 1). Die Formen dabei jeweils sofort schwenken (bevor der Karamell erstarrt), sodass der Boden vollständig mit Karamell bedeckt ist. Die Formen etwa 10 Minuten kühl stellen. Den Backofen auf 170 °C vorheizen.

4 Die Schokomasse vorsichtig in die Formen füllen. Die Formen in einen größeren Bräter oder in die Fettpfanne des Backofens stellen und so viel kochendes Wasser angießen, dass sie zu etwa zwei Dritteln im Wasser stehen (siehe Step 2). Die Schokoladenflans (Bonets) im Ofen auf der 2. Schiene von unten etwa 1 Stunde stocken lassen. Die Formen herausnehmen und die Flans abkühlen lassen. Die Flans aus den Förmchen auf Teller stürzen und nach Belieben mit frischen Beeren oder zerbröselten Amarettini anrichten.

Mein Tipp > Wenn Sie die Bonets in der Fettpfanne des Backofens stocken lassen, ist es praktischer und sicherer, wenn Sie die Förmchen in die Fettpfanne stellen, diese in den Ofen schieben und erst dann das kochende Wasser angießen.

Grundkurs Schokolade

Schokoladenkuchen
mit Vanillesauce

Zutaten für 1 Springform
(24 cm Durchmesser)
Für den Schokoladenkuchen:
200 g Zartbitterschokolade
(70 % Kakaogehalt)
200 g Butter
4 Eier
120 g Zucker
30 g gemahlene Mandeln
60 g Mehl
Für die Vanillesauce:
1 Vanilleschote
1/4 l Milch
5 Eigelb
50 g Zucker

Zubereitungszeit:
ca. 45 Minuten

1 Für den Schokoladenkuchen die Schokolade klein hacken. Die Butter und die Schokolade in einen Topf geben und bei schwacher Hitze schmelzen lassen. Den Topf vom Herd nehmen und die Schokobutter lauwarm abkühlen lassen. Den Boden der Springform mit Alufolie auslegen. Den Backofen auf 180 °C vorheizen.

2 Die Eier und den Zucker in eine Schüssel geben und mit dem elektrischen Handrührgerät hellgelb und schaumig aufschlagen. Die Schokobutter unterrühren. Die Mandeln und das Mehl mischen und unter die Schoko-Ei-Masse heben. Den Schokoladenteig in die Springform füllen und glatt streichen. Den Schokoladenkuchen im Ofen auf der mittleren Schiene etwa 20 Minuten backen. Die Form herausnehmen und den Kuchen lauwarm abkühlen lassen.

3 In der Zwischenzeit für die Vanillesauce die Vanilleschote der Länge nach aufschneiden und das Mark mit einem spitzen Messer herauskratzen. Die Milch mit dem Vanillemark und der -schote in einen Topf geben und aufkochen lassen, vom Herd nehmen und die Vanilleschote entfernen. Die Eigelbe und den Zucker in einer Metallschüssel verrühren und die Vanillemilch unterrühren. Die Schüssel in ein Wasserbad geben (siehe S. 185) und die Masse mit dem Schneebesen oder dem elektrischen Handrührgerät so lange schlagen, bis die Sauce cremig gebunden ist (siehe Tipp). Die Schüssel in ein Wasserbad mt Eiswürfeln stellen und schlagen, bis die Sauce abgekühlt ist.

4 Den lauwarmen Schokoladenkuchen aus der Form lösen, in Stücke schneiden (er ist innen noch weich) und mit der Vanillesauce servieren.

Variation:

Für eine Espressosauce die Vanilleschote weglassen, dafür 2 EL Espressobohnen in die Milch geben und mit aufkochen. Die Espressobohnen etwa 30 Minuten ziehen lassen, dann die Milch durch ein Sieb gießen.

Mein Tipp > So können Sie testen, ob die Vanillesauce die richtige Bindung hat: Die Schüssel vom Wasserbad nehmen, einen Kochlöffel in die Sauce tauchen, herausnehmen und auf die am Löffel haftende Sauce pusten. Entsteht dabei ein rosenartiges Muster, das leicht erstarrt, hat die Sauce die richtige Konsistenz. Profis nennen das Aufschlagen einer Eigelbmasse im Wasserbad deshalb auch »zur Rose abziehen«.

Grundkurs Schokolade

Schokoladen-Biscotti
mit Espresso

Zutaten für ca. 50 Stück
200 g Zartbitterkuvertüre
100 g Butter
2 Eier · 200 g Zucker
1 Tasse abgekühlter Espresso
(ca. 40 ml)
200 g Mehl
1 EL Kakaopulver
1 TL Backpulver
ca. 5 EL Puderzucker

Zubereitungszeit:
ca. 45 Minuten
Kühlzeit: ca. 4 Stunden

1 Die Kuvertüre fein hacken und eine Hälfte beiseitestellen. Die restliche Hälfte mit der Butter in einen Topf geben und bei schwacher Hitze schmelzen. Die Eier und den Zucker mit dem elektrischen Handrührgerät hellgelb und cremig aufschlagen. Den Espresso und die geschmolzene Kuvertüre unterrühren. Das Mehl mit dem Kakao und dem Backpulver mischen und unter die Eiermasse ziehen. Die restliche gehackte Kuvertüre unterheben. Den Teig zugedeckt etwa 4 Stunden kühl stellen.

2 Den Backofen auf 180 °C vorheizen. Ein Backblech mit Backpapier auslegen. Aus dem Teig mit einem Esslöffel kleine Portionen abnehmen und zu etwa 3 cm großen Kugeln formen. Den Puderzucker auf einen Teller sieben und die Teigkugeln darin wälzen. Die Teigkugeln im Abstand von etwa 6 cm auf das Backblech setzen und im Ofen auf der mittleren Schiene etwa 12 Minuten backen. Die Schokoladen-Biscotti herausnehmen und auskühlen lassen.

Grundkurs Schokolade

Heiße Gewürzschokolade
mit Zimt und Kardamom

Zutaten für 4 große Gläser
je 1 TL Kardamomsamen
und Pimentkörner
1 Vanilleschote
1 l Vollmilch
2–3 EL Zucker
1 Zimtstange
100 g Zartbitterschokolade
je 1/2 TL Zimt- und Kakaopulver

Zubereitungszeit: ca. 30 Minuten

1 Den Kardamom und den Piment im Mörser grob zerstoßen. Die Vanilleschote der Länge nach halbieren und das Mark mit einem spitzen Messer herauskratzen.

2 In einem Topf 3/4 l Milch mit Vanilleschote und -mark, den zerstoßenen Gewürzen, dem Zucker und der Zimtstange aufkochen. Den Topf vom Herd nehmen und die Gewürze in der Milch etwa 15 Minuten ziehen lassen.

3 Die Milch durch ein Sieb gießen und nochmals erhitzen. Die Schokolade klein hacken und in der Milch schmelzen lassen. Die restliche Milch in einem kleinen Topf erhitzen und mit dem Milchaufschäumer oder dem Stabmixer aufschäumen.

4 Die Gewürzschokolade nach Belieben mit Zucker abschmecken, in hohe Gläser füllen und den Milchschaum darauf verteilen. Das Zimt- und das Kakaopulver mischen und den Milchschaum damit bestäuben. Die Gewürzschokolade nach Belieben mit Zimtstangen garnieren.

Mein Tipp > So kriegen Sie eine Tafel Schokolade schnell klein: Die Schokolade in der Verpackung auf die Arbeitsfläche legen und mit einem Nudelholz mehrmals kräftig daraufklopfen. Die Schokolade auspacken und die »Bruchstücke« nach Rezept weiterverwenden.

Register

Bauernhuhn in Rotwein mit Schalotten und Champignons 106

Bratkartoffeln zubereiten 27

Bruschetta mit Garnelen und Fave-Bohnen 65

Bruschetta zubereiten 11

Cannelloni, gebackene, mit Schokoladenfüllung 208

Caprese, Polettos, mit getrockneten Tomaten und Oliven 19

Champignons, gratinierte, mit Ziegenkäse und Pinienkernen 48

Chicken Wings mit Kräutermarinade 104

Chicoréesalat mit Gorgonzola und Moscato-Melone 170

Crème brûlée mit Vanille 196

Crêpes, flambierte, mit Orangen-Mascarpone 192

Crêpes-Säckchen mit Pilzfüllung 52

Doraden, gefüllte, auf gegrilltem Gemüse 88

Doradenfilet mit Kartoffel-Oliven-Stampf 86

Dunkler Kalbsfond 123

Ente, ganze, aus dem Ofen mit Feigensauce und Rotweinzwiebeln 114

Entenbrust, knusprige, mit karamellisierten Orangen 112

Entenfond 116

Entenkeulen auf Balsamico-Linsen mit braunen Champignons 110

Fagottini, gebackene mit Tomaten-Salsa 150

Feines Kartoffelpüree 28

Filetsteaks mit Rotwein-Pfeffer-Sauce 130

Flambierte Crêpes mit Orangen-Mascarpone 192

Fleischtomaten, gefüllte, mit Thunfisch-Bohnen-Salat 20

Ganze Ente aus dem Ofen mit Feigensauce und Rotweinzwiebeln 114

Garnelen mit Peperonata in Pergament gegart 66

Garnelensuppe mit geröstetem Blumenkohl 62

Gebackene Cannelloni mit Schokoladenfüllung 208

Gebackene Fagottini mit Tomaten-Salsa 150

Gebackener Mozzarella mit Tomaten-Panino 172

Gebackener Mozzarella, gebackener, mit Tomaten-Panino 172

Gebeizter Lachs mit Zitronen-Couscous 76

Gebratene Seezunge mit Kapern und frittierter Petersilie 92

Gebratenes Zanderfilet mit Pfifferling-Kohl-Gemüse und Haselnusssauce 54

Geflügel-Panino mit Koriander-Mayonnaise 102

Gefüllte Doraden auf gegrilltem Gemüse 88

Gefüllte Fleischtomaten mit Thunfisch-Bohnen-Salat 20

Gefüllte Schollenfilets auf Meerrettich-Risotto 90

Gefülltes Omelett mit vier Käsesorten 190

Gegrillte Schweinefiletspieße mit Paprika und roten Zwiebeln 156

Gegrilltes Lachskotelett mit Salsa verde 79

Gepökeltes Rinderfilet mit Parmesan-Chips 124

Geschmorte Kalbshaxe mit Zitrone und Kräutern 144

Gewürz-Ententee mit Entenleber-Crostini 116

Gewürzschokolade, heiße, mit Zimt und Kardamom 21

Gratinierte Champignons mit Ziegenkäse und Pinienkernen 48

Grob gestampftes Kartoffelpüree 28

Handgemachte Steinpilz-Tagliatelle mit Pilzrahm und Radicchio 50

Heiße Gewürzschokolade mit Zimt und Kardamom 215

Heller Kalbsfond 123

Hühnerbrühe, Polettos, von der Poularde 98

Hühnerfrikassee mit knusprigen Brotstreifen 100

Kabeljaufilet auf Tomatenragout 22

Käsesauce, meine schnellste 169

Kalbs-Carpaccio mit Gorgonzola und Pekannüssen 138

Kalbsfond, dunker 123

Kalbsfond, heller 123

Kalbsgulasch mit Chorizo und gegrillter Paprika 142

Kalbshaxe, geschmorte, mit Zitrone und Kräutern 144

Kalbskarree in Milch gegart 136

Kalbsschnitzel mit Erbsengemüse und Limettenbutter 140

Kartoffel-»Panino« mit Salbei und Schinken 38

Kartoffelgratin mit Parmesan 34

Kartoffel-Lauch-Suppe, klare, mit gerösteten Parmesanbroten 32

Kartoffel-Pizzette mit Rosmarin und Knoblauch 36

Kartoffelpüree, feines 28

Kartoffelpüree, grob gestampftes 28

Kartoffelsalat mit knusprigen Speckwürfeln 30

Kartoffelsuppe classico mit Croûtons 33

Klare Kartoffel-Lauch-Suppe mit gerösteten Parmesanbroten 32

Knuspergarnelen mit Ingwer und Sojasauce 70

Knusprige Entenbrust mit karamellisierten Orangen 112

Lachs aus dem Ofen mit Fenchel-Tomaten-Gemüse 82

Lachs, gebeizter, mit Zitronen-Couscous 76

Lachsfilet, pochiertes, im Weißwein-Estragon-Sud 78

Lachskotelett, gegrilltes, mit Salsa verde 79

Lauwarmes Pescaccio von der Dorade 84

Lorbeerhuhn mit Olivenkartoffeln 108

Maishähnchen-Involtini mit Ziegenfrischkäse und Parmaschinken 103

Mandelparfait mit Amaretto und Marsala 198

Marinierte Spanferkelkeule mit glasiertem Spitzkohl 164

Mayonnaise 187

Mini-Burger, Polettos, in Rosmarinbrötchen 146

Mozzarella-Lasagne mit Oliven und getrockneten Tomaten 174

Register

Ofenlachs, schneller, mit Blattspinat und geschmolzenen Tomaten 80

Omelett, gefülltes, mit vier Käsesorten 190

Parmesan-Chips und -Körbchen herstellen 169

Parmesan-Muffins mit Parma-schinken 180

Parmesan-Öhrchen mit getrockneten Tomaten und Pimientos 181

Pecorino-Ravioli mit Zitronenbutter und Fave-Bohnen 176

Pescaccio, lauwarmes, von der Dorade 84

Piemontesischer Schokoladen-Bonet mit Amarettini 210

Piemontesischer Schokoladen-Bonet, piemontesischer, mit Amarettini 210

Pilz-Antipasti mit Zitronenmarinade 46

Pilz-Frittata mit Pancetta und Kräutern 47

Pochiertes Lachsfilet im Weißwein-Estragon-Sud 78

Pochiertes Rinderfilet mit Schnittlauch-Vinaigrette 128

Polentasuppe mit gebackenen Stein-pilzen 44

Polettos Caprese mit getrockneten Tomaten und Oliven 19

Polettos Hühnerbrühe von der Poularde 98

Polettos Mini-Burger in Rosmarin-brötchen 146

Porchetta-Rollbraten mit Fenchel-gemüse 160

Ragù alla bolognese mit Tiroler Speck 148

Ricotta-Spinat-Nocken mit Parmesansauce und Pfifferlingen 178

Riesengarnelen »al pomodoro« 68

Rinder-Carpaccio alla Cipriani mit Senf-Mayonnaise 127

Rinderfilet, gepökeltes, mit Parmesan-Chips 124

Rinderfilet, pochiertes, mit Schnittlauch-Vinaigrette 128

Roastbeef mit grüner Olivenkruste 132

Rohe Tomatensauce mit Kapern und Sardellen 15

Sauce hollandaise 187

Schneller Ofenlachs mit Blattspinat und geschmolzenen Tomaten 80

Schokoladen-Biscotti mit Espresso 214

Schokoladen-Koriander-Eis mit Portwein-zwetschgen 206

Schokoladenkuchen mit Vanillesauce 212

Schokoladenmousse mit Orangenfilets und Minze 204

Schokoladensorbet mit Kumquat-kompott 207

Schollenfilets, gefüllte, auf Meerrettich-Risotto 90

Schweinefilet aus dem Kräuterdampf 159

Schweinefilet in Olivenöl gegart 158

Schweinefiletspieße, gegrillte, mit Paprika und roten Zwiebeln 156

Schweinerücken mit Lardo im Salzteig 162

Seezunge, gebratene, mit Kapern 92

Selbst gemachte Tagliatelle alla carbonara 188

Spanferkelkeule, marinierte, mit glasiertem Spitzkohl 164

Steinpilz-Tagliatelle, handgemachte, mit Pilzrahm und Radicchio 50

Sugo all'arrabbiata mit Salsiccia 13

Tagliata vom Rind mit Rucola und Parmesan 134

Tagliatelle, selbst gemachte, alla carbonara 188

Tatar vom Rinderfilet mit Kapern und Sardellen 126

Tomaten-Caipirinha mit Zitronen-thymian 18

Tomaten-Focaccia mit Oliven und Rosmarin 16

Tomaten-Pesto mit Pinienkernen 14

Tomatensauce, rohe, mit Kapern und Sardellen 15

Tomatensugo 13

Wiener Schnitzel (Tipp) 140

Zabaione mit Walnuss-Karamell-Äpfeln 194

Zanderfilet, gebratenes, mit Pfifferling-Kohl-Gemüse und Haselnusssauce 54

Zucchini-Minze-Spaghetti mit Garnelen und Tomaten 64

Zucchini-Piccata mit Schinken und Käse 173

Zwiebelrostbraten auf Italienisch mit Balsamico-Zwiebeln 135

Das Fototeam

WestermannStudios GbR

Fotografie: Jan-Peter Westermann

Fotografische Mitarbeit: Chiara Cigliutti, Stefanie Bütow, Tina Quardon, Christian Burmeister

Foodstyling: Roland Geiselmann, PIO, Sarah Trenkle, Oliver Mägel, Hermann Rottmann

Styling: Christine Mähler

Informationen und Bezugsquellen

Alles Wissenswerte über Cornelia Poletto, ihr Restaurant und ihre Kochschule erfahren Sie unter www.poletto.de.

Die Gewürzmischungen von Cornelia Poletto, wie z.B. »Polettos Tomatenzauber« und »Polettos Fischfeuer«, sowie andere ausgefallene Gewürze können Sie im Internet bei www.1001gewuerze.com bestellen. Feinkost und Delikatessen wie etwa Taggiasca-Oliven werden im Internet z.B. von www.bosfood.de, www.viani.de oder www.olivaverde.de vertrieben. Edle Fleischspezialitäten kann man unter www.schlachterei-wagner.de und www.otto-gourmet.de bestellen.

Der Verlag und Cornelia Poletto danken den Firmen All-Clad, ASA, Dibbern, Miele, Porzellanmanufaktur Fürstenberg und Rosenthal für die freundliche Unterstützung der Fotoproduktion.